Bäume & Sträucher

besser gärtnern

Bäume
& Sträucher

Simon Akeroyd

DORLING KINDERSLEY

DORLING KINDERSLEY
London, New York, Melbourne, München und Delhi

LEKTORAT Zia Allaway
GESTALTUNG, VERANTW. Rachael Smith
CHEFLEKTORAT Anna Kruger
CHEFBILDLEKTORAT Alison Donovan
GESTALTUNG Alison Shackleton
REDAKTION Simon Maughn
BILDRECHERCHE Lucy Claxton, Mel Watson
HERSTELLERISCHE PROJEKTBETREUUNG Clare McLean,
Jonathan Ward

FOTOGRAFIEN Peter Anderson

Für die deutsche Ausgabe:
PROGRAMMLEITUNG Monika Schlitzer
PROJEKTBETREUUNG Regina Franke
HERSTELLUNGSLEITUNG Dorothee Whittaker
HERSTELLUNG Anna Strommer

Bibliografische Information Der Deutschen Bibliothek
Die Deutsche Bibliothek verzeichnet diese Publikation in
der Deutschen Nationalbibliografie;
detaillierte bibliografische Daten sind im Internet über
http://dnb.ddb.de abrufbar.

Titel der englischen Originalausgabe:
Shrubs & Small Trees

ÜBERSETZUNG Reinhard Ferstl
REDAKTION Christine Condé

ISBN: 978-3-8310-1351-7

Printed and bound in Singapore by Star Standard

Besuchen Sie uns im Internet
www.dk.com

Hinweis
Die Informationen und Ratschläge in diesem Buch sind von
den Autoren und vom Verlag sorgfältig erwogen und geprüft,
dennoch kann eine Garantie nicht übernommen werden.
Eine Haftung der Autoren bzw. des Verlags und
seiner Beauftragten für Personen-, Sach- und Vermögens-
schäden ist ausgeschlossen.

Inhalt

Mit Gehölzen gestalten

Bäume und Sträucher sind die mit Abstand vielseitigste Pflanzengruppe. Meist sind sie langlebig und bilden das Gerüst eines Gartens – mit ihren Farben, Strukturen und Texturen bereichern sie Pflanzungen das ganze Jahr über. Darüber hinaus erfüllen Gehölze aber auch eine wichtige ökologische Funktion als Lebensraum für Wildtiere.

Für jede Größe und jeden Stil, angefangen von weitläufigen Waldgärten bis hin zu winzigen Hinterhöfen, gibt es die passenden »Stars«. Holen Sie sich in diesem Kapitel jede Menge Anregungen für die Gestaltung Ihres Gartens mit Bäumen und Sträuchern.

Farbe für den Winter: Triebe, Borke und Blüten

Selbst im Winter hält die Natur eine große Farbenvielfalt bereit: Beeren leuchten zwischen Zweigen hervor, eisglitzernde Kätzchen hängen von den Bäumen, und sommergrüne Gehölze zeigen ihre farbenfrohen Zweige und Stämme.

Abbildungen von links im Uhrzeigersinn
Winterwald Mit Stämmen und Zweigen lassen sich im Winter Farben in verschiedener Höhe arrangieren. In der Regel reichen drei bis vier Tönungen. Hier ist die dunkel mahagonirote Borke der Tibetischen Kirsche (*Prunus serrula*) schon für sich allein ein Blickfang, aber der Kontrast zur Weißen Himalaja-Birke (*Betula utilis* var. *jacquemontii*) und den gelben Ästen der Dotter-Weide (*Salix alba* var. *vitellina*) bringt sie noch besser zur Geltung.

Gartengeister und kalte Glut Die feurigroten Wintertriebe des Tatarischen Hartriegels (*Cornus alba*) erfüllen jeden Garten mit Farbe, besonders wenn das Licht der tief stehenden Wintersonne sie zum Leuchten bringt. Noch dramatischer ist ihre Wirkung zwischen geisterhaften Himalaja-Birken. Immergrüne Sträucher mit panaschiertem Laub bringen subtile Farbwirkung und Texturen ins Spiel.

Beerenzauber Keine winterliche Pflanzung wäre komplett ohne Beerenschmuck. Gehölze wie diese Skimmie (*Skimmia japonica*) begeistern durch einen Kontrast aus leuchtenden Früchten und immergrünem Laub. Beeren sind nicht nur geschätzte Farbtupfer im winterlichen Garten, sondern auch wertvolle Nahrung für Wildtiere. Interessante Früchte haben etwa Schneebeeren (*Symphoricarpos*) mit weißen sowie Feuerdorn (*Pyracantha*) und Sanddorn (*Hippophae*) mit orangeroten Beeren, Kartoffel-Rosen (*Rosa rugosa*) mit großen roten Hagebutten und weibliche Stechpalmen (*Ilex*) mit rotem Fruchtbesatz zu bieten.

Winterblüte Die kalte Jahreszeit präsentiert nicht nur farbenfrohe Triebe und Beeren. Einige Sträucher tragen der Kälte zum Trotz sogar Blüten, manche mit betörendem Duft. Die gelben, wohlriechenden Kerzen der Japanischen Mahonie (*Mahonia japonica*) heben sich von den dunklen, glänzenden Blättern ab. Duftenden Flor tragen ferner die Winterblüte (*Chimonanthus*), die Zaubernuss (*Hamamelis*), *Daphne bholua*, *Viburnum* x *bodnantense* und *Sarcococca*.

Farbe für das Frühjahr: Blüten, Blumen und Obstbäume

Wenn der Frühling die warme Saison einläutet, spüren Gartenbesitzer die Aufbruchstimmung besonders intensiv. Der Garten erwacht aus dem Schlaf, das Laub treibt aus und Frühjahrsblüten bereichern die Landschaft.

Abbildungen von links oben im Uhrzeigersinn

Heidehimmel Das Heidekraut *Erica* x *veitchii* 'Exeter' öffnet seine Blüten bereits im kalten Winter und erfreut den Gärtner bis in die Frühlingsmitte hinein. Bienen schätzen die duftenden, weißen Trauben, denn sie gehören zu den ersten Blütenboten des Jahres und sind daher eine wertvolle frühe Nektarquelle.

Japanische Kirschblüten Sie bilden im Frühling eine farbenfrohe Wolke aus zarten Blüten. In Japan sind die Kirschbäume so beliebt, dass man ihnen zu Ehren das Hanami-Fest feiert, bei dem im Schatten ihrer Kronen zahllose Partys und Picknicks stattfinden. Die hier gezeigte Sorte *Prunus incisa* 'Kojo-no-mai' ist mit ihren hellroten Knospen und blassrosa Blüten bestens für kleine Gärten geeignet. Darunter blüht die Schnee-Heide *Erica carnea* 'Springwood White'. Außer Kirschen warten im Frühling noch viele weitere Obstgehölze mit bezauberndem Florschmuck auf – etwa Pflaumen, Äpfel und Quitten.

Flower-power Im Frühjahr zeigen sich Waldgärten oft von ihrer besten Seite, denn Kamelien, Magnolien und Rhododendren haben nun ihren großen Blütenauftritt. Es muss aber nicht immer eine ausgedehnte Pflanzung sein: Oft reicht für kleine Gärten schon eine Kombination aus zwei, drei frühjahrsblühenden Sträuchern. Kamelien und Rhododendren sind immergrüne Gehölze für sauren Boden, die Streuschatten bevorzugen.

Frühlingsjuwelen Viele Gehölze machen im Frühjahr mit verhaltenem Charme auf sich aufmerksam. Eine solche bescheidene Schönheit ist der Chinesische Perlschweif (*Stachyurus chinensis*). Leider sieht man den eleganten, nicht ganz winterharten Strauch nur selten. Dabei sind seine unaufdringlichen, aber wunderschönen blassgelben Blüten von unschätzbarem Wert, denn sie hängen bereits perlenkettengleich von den Zweigen, wenn die meisten anderen Gewächse noch im Winterschlaf liegen.

Farbe für den Sommer: Blumen und Obst

Dank langer Abende und warmer Witterung verbringt man im Sommer viel Zeit im Freien. Sind die Gartenarbeiten erledigt, können Sie sich zurücklehnen und leuchtende Blüten, reifende Früchte sowie üppiges Laub genießen.

Abbildungen von links oben im Uhrzeigersinn

Farbumspielte Refugien Jetzt sollten sich Innenhöfe und Terrassen von ihrer besten Seite zeigen. Gehölze schaffen Höhe, gewähren Privatsphäre und verwöhnen mit üppiger Blüte, wie die rosa Hortensie (*Hydrangea*) und der weiße Schmetterlingsstrauch (*Buddleja*). Zusätzlichen Lebensraum für Sträucher und Stauden schaffen Sie mit Gefäßen.

Moderne Rosen Rosen wurden früher in Beeten gepflanzt, wo man die Sorten vergleichen und einzeln bewundern konnte. Heute lassen wir ihre farbenfrohe Blütenpracht gern in gemischten Rabatten wirken.

Blütenmix Hortensien sind mit ihren großen Prachtköpfen ein später Höhepunkt des Blütensommers. Die verlässlich flortragenden Sträucher eignen sich bestens für Strauch- oder gemischte Rabatten.

Sommerfülle Bereichern Sie Ihr Grün mit einem Potpourri aus Johannisbeeren, Stachelbeeren, Erdbeeren, Birnen und Frühäpfeln. Für sie ist Raum selbst in kleinen Gärten.

Kletterrosen Diese Klassiker schaffen einen Blickfang an Pfosten oder Bäumen. Die Auswahl ist enorm, sodass sich für jeden Gartenstil der passende Kletterer findet.

Farbe für den Herbst: Blätter, Nüsse, Beeren und andere Früchte

Lassen Sie die Gartensaison mit einem bunten Prachtfeuerwerk ausklingen. Dazu brauchen Sie nur Ziergewächse mit farbenfrohem Laub- und Beerenschmuck sowie Obstbäume zu pflanzen.

Abbildungen von der Mitte aus im Uhrzeigersinn

Herbstzauber Wenn Laubgehölze ihren großen Herbstauftritt haben, verwandelt sich der Garten in eine bunte Freilichtbühne. Die Blattfarben kommen noch besser zur Geltung, wenn man sie so pflanzt, dass sie einen Kontrast zueinander bilden. In diesem Bild spielen Ahorn, Katsurabaum und Mahonie alle ihren Part in der Farbinszenierung. *Sedum*-Blüten erfreuen bis in den Winter mit subtilen Rotbrauntönen.

Beerenbesatz Gärten sind nicht nur für Menschen da, auch die Tierwelt profitiert von ihnen. Vögel schätzen die roten Beeren des Gewöhnlichen Schneeballs (*Viburnum opulus*) als Leckerbissen. Der Strauch eignet sich vorzüglich für naturnahe Hecken. Seine Blätter zeigen im Herbst eine ansprechende Rotfärbung.

Verhaltene Schönheit Nicht alle Gehölze brauchen die große Geste. Die Gelb-Birke (*Betula alleghaniensis*) macht mit zartem Buttergelb auf sich aufmerksam.

Wild auf Nüsse Der Herbst bietet einen gedeckten Tisch. Eichhörnchen und andere Tiere versuchen Nussgehölze wie Hasel vor dem Wintereinbruch noch schnell zu plündern.

Ganzjährig interessante Gärten

Mit immergrünen Strukturen, Blickfängen und markanten Gestaltungselementen sieht ein Garten das ganze Jahr über gut aus. Damit sich Pflanzen dauerhaft in die Landschaft einfügen, sollten sie groß, ausdrucksvoll und sehr dekorativ sein.

Abbildungen von links im Uhrzeigersinn

Nackte Äste und Buchsbaumhecken

Immergrüne Bäume und Sträucher wie
Buchsbaum oder Liguster schaffen einen
dauerhaften Rahmen, in den man saisonal
interessante Gewächse einflechten kann.
Ein Blickfang in diesem Bild ist der
Runzelblättrige Schneeball (*Viburnum
rhytidophyllum*), ein dichter, meist wegen
seines glänzenden Laubs sowie der lange
haltenden Blüten und Beeren kultivierter
Busch. Hier wurden die unteren Blätter und
Zweige entfernt, um das Laubdach nach
oben zu verlagern, den Blick nach hinten zu
öffnen und Unterpflanzungen wie diese
Buchsbäume zu ermöglichen.

Markante Farben und Formen

Ungewöhnliche Elemente verleihen einer
Pflanzung Individualität. So setzen
architektonische Gewächse wie diese
etagenförmig geschnittene Konifere mit
ihren schwebenden »Wolken« das ganze
Jahr hindurch einen unübersehbaren
Akzent. Das gilt auch für andere große
Strukturgeber wie Palmen, Ziergräser,
Bambus, Yuccas oder hohe *Cordyline*.
Intensiviert wird ihre Wirkung mitunter
durch kräftige Blütenfarben in ihrer Nähe
sowie farbige Wände oder Zäune.

Laubbetont Mit panaschierten Sorten
immergrüner Gehölze erweitert man die
Farbpalette im Garten um Beige, Weiß,
Silber, Gelb und Goldgelb. In diesem Garten
werden *Euonymus fortunei* 'Emerald Gaiety'
und *Ilex aquifolium* 'Silver Milkboy' gekonnt
in Szene gesetzt. Der schlichte grünblättrige
Efeu im Vordergrund dient als Bodendecker,
während statt eines Rasens Bubiköpfchen
(*Soleirolia soleirolii*) ganzjährig einen grünen
Teppich bildet. Belebt wird die Pflanzung
durch sorgsam platzierte Blütensträucher
zwischen den immergrünen Gehölzen und
helle Trittsteine, die ins Grün hinein ver-
laufen – ein Kunstgriff, mit dem das Auge
in den Gartenhintergrund gelenkt wird.

Waldgärten

Wohin kann man besser dem Alltag entfliehen und sich vor der heißen Mittagssonne flüchten als in einen kühlen Hain? Manche Gehölze werfen Schatten, andere brauchen ihn.

Abbildungen von oben links im Uhrzeigersinn

Waldwächter Farne sind die Waldpflanzen schlechthin. Sie wachsen meist niedrig, dieser Baumfarn (*Dicksonia antarctica*) allerdings bildet mit seinen Wurzeln einen Stamm, der die Krone hoch über den Waldboden hebt. Dank seines strukturbetonten Wuchses eignet er sich – in klimamilden Regionen – bestens als Blickfang für kleine Waldgärten.

Waldwege Pfade durch Waldgärten sollten einladend und natürlich wirken und den Konturen des Gartens folgen. Sofern genügend Platz vorhanden ist, kann man sie auch kreisförmig anlegen – selbst wenn sie nur um einen Baum oder ein rustikales Gartenelement führen. Als Belag dienen natürliche Materialien wie Rinden- oder Holzmulch.

Waldblüten Von seiner schönsten Seite präsentiert sich ein Waldgarten im Frühjahr, wenn Zwiebelblüher den Boden bedecken, bevor sich das Laubdach über ihnen schließt. Doch auch Sträuchern wie dieser gelben Azalee sollte man Raum zur Entfaltung geben, denn sie schmücken sich ebenfalls im Frühling mit einem Blütenmantel.

Waldlaub Ein Waldgarten braucht Kronen in unterschiedlicher Höhe, damit sein Laubdach vielschichtig und interessant bleibt. Panaschierte Sträucher wie dieser Hartriegel eignen sich gut für beengte Räume. In ihrem Schatten gedeihen Zwiebelblüher wie Krokusse oder Waldlilien.

Formale Gärten

Das geordnete Design formaler Gärten wird von geraden Linien und symmetrischen Pflanzungen bestimmt. Zu ihren dekorativsten Elementen gehören streng zurückgestutzte Sträucher und immergrüne Formschnittgehölze.

Bilder von oben rechts im Uhrzeigersinn

Prachtallee Baumreihen wie diese hier aus panaschierten Pappeln betonen zentrale Elemente und lenken den Blick. Der Bogen in der Hecke umrahmt eine Sonnenuhr und gewährt obendrein Ausblicke in einen anderen Teil des bepflanzten Areals. In kleineren Gärten kann man Alleen aus niedrigeren Gewächsen wie Lorbeer-Hochstämmchen oder Glanzmispeln (*Photinia*) anlegen.

Formal, doch nicht von gestern Gärten können formal und zeitgenössisch zugleich sein. Die überaus moderne Strukturpflanzung bildet den Rahmen für das einfache, rechteckige Wasserelement, das im Mittelpunkt des Gartens steht, aber auch für die Holzterrasse und das kleine formale Rasenstück.

Variationen über ein Thema Die meisten formalen Gärten erstrecken sich auf ebenem Terrain. In diesem Beispiel ist jedoch zu sehen, wie man mit etwas Erfindungsreichtum einem klassischen Stil ganz neue Wendungen verleihen kann. Im 16. Jahrhundert hätte man aus den niedrigen immergrünen Hecken einen verschlungenen Knotengarten geflochten. Hier dagegen wurde ein Patchwork aus wellenförmigen Feldern geschaffen, die ausgefüllt sind mit halbhohen Stauden wie Kamille, Thymian, Wucherblume und Heiligenkraut.

Geometrische Komposition Das Konzept formaler Gärten lässt sich mit extremer Konsequenz umsetzen, wenn man allein auf gerade Linien und streng geschnittene Pflanzen setzt. Die blauen Einfassungen betonen die Strenge der Anlage zusätzlich. Zwergkoniferen wurden gewählt, weil sie wenig Pflege brauchen und vielseitig einsetzbar sind: als niedrige Hecken, Bodendecker, einfache Strukturen und ausgefeilte Formschnittgehölze.

Lockere Symmetrie Auch weniger streng lässt sich Formelles umsetzen. In diesem kleinen Hof sind wenige Buchsbäume und zwei Stechpalmen-Hochstämme für Symmetrie zuständig, während der Rest eher ungezwungen mit Tulpen, Beetgewächsen und einer strukturbetonten *Fatsia japonica* gestaltet ist.

Gärten für Wildtiere

Seit natürliche Lebensräume zunehmend dem Flächenverbrauch zum Opfer fallen, gewinnen Gärten als Refugien für Wildtiere immer mehr an Bedeutung. Besonders wichtig sind Gehölze, denn sie liefern der Tierwelt Nahrung und Schutz.

Abb. von ganz links im Uhrzeigersinn

Bienen, Vögel, Schmetterlinge Blütensträucher wie diese *Buddleja* ziehen Bienen und Schmetterlinge magisch an. Raupen ernähren sich vom Laub benachbarter Gewächse und sollten toleriert werden, solange sie nicht zu viel Schaden anrichten. Sie sind zudem eine wertvolle Nahrungsquelle für Vögel und Säugetiere. Als Bestäuber leisten Bienen hervorragende Dienste. Der Roten Mauerbiene kann man ein Zuhause anbieten, indem man schmale Löcher in altes Holz bohrt und die Stücke an Äste oder Mauern hängt.

Modernde Zuflucht Viele Tiere lassen sich gern in alten Baumstümpfen oder Holzstapeln nieder. Deponieren Sie Holzreste in abgeschiedenen, feuchten Gartenwinkeln, etwa im Schatten eines Baums oder Strauchs, und sie werden bald von einer vielfältigen Fauna besiedelt sein.

Beerenschmaus Die Auswahl beerentragender Bäume und Sträucher ist groß, doch sucht man sich am besten einheimische Arten, denn sie haben für die Tierwelt vor Ort das geeignetste Nahrungsangebot. Stachelige Gehölze wie Stechpalmen bieten außerdem Schutz vor Fressfeinden.

Wasser für Tiere Ein Teich lockt Unmengen von Tieren an, unter anderem Insekten, die wiederum Vögel, Fledermäuse, Igel und Amphibien auf den Plan rufen. Vögel und kleine Säugetiere nutzen Gewässer auch zum Trinken und Baden. Teiche müssen gar nicht groß sein – schon eine größere Pfütze dient ihnen als Lebensraum. Schrägen Sie den Uferbereich aber ab, damit die Tiere problemlos hinein- und wieder hinauskriechen können.

Miniwald Wälder sind Lebensraum für unzählige Tierarten. In den meisten Gärten ist Platz für mindestens einen kleinen Baum und eine Unterpflanzung aus Sträuchern, Stauden oder Zwiebeln. Lassen Sie diesen Winkel in Ruhe, damit Tiere ihn ungestört in Beschlag nehmen können.

Moderne Gärten

In unserer Zeit stehen pflegeleichte Gärten hoch im Kurs. Bäume und Sträucher erfordern in der Regel weit weniger Arbeit als andere Pflanzen – und sind obendrein ganzjährig ansehnlich.

Abbildungen von links oben im Uhrzeigersinn

Blattfarben Will man Farbe in einen Garten bringen, braucht man nicht immer Blüten, wie diese gemischte Rabatte beweist. Die leuchtenden Schwerter der Gräser bilden einen einnehmenden Kontrast zu dem runden, dunkelgrünen Laub des Strauchs und der Blattstruktur des Japanischen Zierahorns, der gerade seine Herbstfärbung annimmt. Japanische Zierahorne eignen sich bestens für beengte Verhältnisse in modernen Gärten, denn sie sind relativ klein und vertragen Streuschatten. Die Farbpalette des Ahorns reicht von Gelb über Orange bis zu Violett.

Gehölzskulpturen Die Bäume und Sträucher drängen sich hier zwar nicht in den Vordergrund, bilden jedoch einen wichtigen Bestandteil des Designs. Insbesondere die kugelig geschnittenen Buchsbäume und der mehrstämmige Ahorn neben dem Studio spielen eine tragende Rolle. Subtilere Akzente setzen die weißblütige Wollmispel links neben dem Studio und die Silberbirken im Hintergrund. Die Gehölze ergänzen die Staudenpflanzungen nicht nur, sie verbinden auch alle Gartenelemente einschließlich des Gebäudes zu einer Einheit.

Geheimgarten Bäume und Sträucher wurden hier zur Untergliederung einer Pflanzung eingesetzt. Diese Anlage besteht aus »verborgenen« Nischen zwischen Buchsbaumhecken, hinter Zäunen und unter einem Laubdach aus formal in Schirmform geschnittenen Platanen. Die schattigen Winkel bilden ideale Refugien, in die man sich an heißen Tagen zurückziehen kann.

Moderne Pooleinfassung Wie wichtig Höhe in einem Garten ist, zeigt diese Anlage. Die vertikale Erweiterung einer Pflanzung führt das Auge nach oben und bringt eine zusätzliche Dimension ins Spiel. Das lässt sich ausgezeichnet mit Bäumen und Sträuchern erreichen. Zwar erzielt man hier eine ähnliche Wirkung mit dem hölzernen Aufbau; er würde die Ausgewogenheit des Designs aber sehr beeinträchtigen, bekäme er nicht Unterstützung durch die Magnolien und Judasbäume (*Cercis*) zu beiden Seiten.

Höfe und Dachterrassen

Bäume und Sträucher sind beeindruckende Pflanzengestalten, die selbst in kleinsten Gartenräumen Zeichen setzen. Da in Städten oft wenig Platz ist für Pflanzen, sind manchmal ungewöhnliche, innovative Lösungen gefordert.

Abbildungen von links oben im Uhrzeigersinn

Hainbuchenquartett Die vier geschnittenen Hochstämme brauchen in diesem kleinen Garten fast keinen Platz. Sie sind ein Musterbeispiel dafür, wie selbst große Bäume in eine Pflanzung integriert werden können, ohne viel Raum zu beanspruchen. Auch säulenförmige Gehölze eignen sich für kleine, beengte Plätze. Dieser Hinterhof wirkt größer, als er in Wirklichkeit ist, weil die vom Wind sanft bewegten Hainbuchen und der Himmel sich in dem kleinen formalen Teich spiegeln.

Topflandschaften Werden Bäume und Sträucher in Gefäßen gezogen und häufig gestutzt, bleibt selbst auf engem Raum viel Platz für andere Gewächse. Außerdem wachsen Pflanzen in Töpfen langsamer. Wer Zeit hat, kann Gehölze auch zu geometrischen Formen schneiden oder als Bonsai ziehen. Ein weiterer Vorteil der Gefäßkultur: Das Arrangement lässt sich von Zeit zu Zeit variieren. Beim Umziehen kann man seine Lieblinge zudem mitnehmen.

Kühles Grün Das einfachste Design ist oft das beste. Mit Sträuchern variiert man das Grün subtil und bringt gleichzeitig interessante Formen und Texturen ins Spiel. Die Buchs-Hochstämmchen sowie die goldgelben Stängel des Bambus erweitern den Hintergrund der Rabatte mit Sitzbank nach oben. Einen weichen Kontrast dazu bilden die panaschierten Klebsamensträucher mit ihrer überaus ansprechenden Textur. Die *Fatsia japonica* am linken Rand eignet sich mit ihren großen, immergrünen Blättern hervorragend als Strukturgeberin.

Laubreicher Lebensraum Wenn ein Kleingarten gerade einmal Raum für einen einzigen Baum bietet, dann ist der Zimt-Ahorn (*Acer griseum*) mit seiner rotbraunen, abblätternden Borke und der strahlenden Herbstfärbung ein heißer Anwärter auf diesen zentralen Platz. Hier wächst er aus einem Gefäß, das in einem kleinen Beet mit üppigen *Heuchera* und Farnen steht.

Themengärten

In einem Themengarten kann man sich ganz auf seine Vorlieben konzentrieren und dem Grundstück damit zugleich eine persönliche Note geben. Als Erstes wird man die Gehölze auswählen.

Abbildungen von links oben im Uhrzeigersinn

Weinberg Das Pflanzen von Rosenbüschen am Ende von Rebzeilen hat eine lange Tradition. Auch in diesem Garten gehen Weinreben und Rosen eine gelungene Verbindung ein. Bei der Auswahl der Sorten sucht man sich solche mit kräftigem, gesundem Wuchs aus. Besonders empfehlenswert sind Züchtungen, die mit dem »Award of Garden Merit« (*siehe S. 127f.*) ausgezeichnet wurden. Gut machen sich hier auch exotisch aussehende Bäume wie Zypressen.

Zenlandschaften Gehölze spielen in der Zenphilosophie eine wichtige Rolle. Der Schwerpunkt liegt in fernöstlichen Gärten jedoch nicht auf Pflanzen und Strukturen. Vielmehr soll eine Atmosphäre der Ruhe und Kontemplation geschaffen werden. Steine, Kies und Sand sind symbolbehaftete Elemente, die Berge und Ozeane verkörpern.

Landgartenidyll Für naturnahe Land- oder Cottagegärten eignen sich besonders Sträucher und Bäume mit wildem, ungeordnetem Wuchs wie diese Robinie.

Exotisches Flair Leben im Freien – das wäre das passende Thema für einen Garten mit exotischem Ambiente. Die Gehölze sollten an die Vegetation warmer Länder erinnern. Ideal sind mediterrane Gewächse in Kübeln, etwa Palmen.

Erste Schritte

Damit Ihre Bäume und Sträucher sich von ihrer besten Seite zeigen, ist es wichtig zu wissen, wie man sie optimal pflegt. In diesem Kapitel erfahren Sie, wie Sie den Boden in Ihrem Garten testen und verbessern … welche Pflanzen wo gedeihen … woran Sie beim Kauf erkennen, ob ein Exemplar gesund ist … und wie Sie Ihre Lieblinge fachgerecht pflanzen und stützen. Mit etwas Mut zur Kreativität können Sie sich sogar an einen Weidenzaun, ein einfaches Parterre oder einen eleganten gedrehten Lorbeer-Hochstamm wagen. Die leicht verständlichen Schritt-für-Schritt-Anleitungen zeigen Ihnen, wie's geht!

Was ist ein Baum?

Bäume sind mehrjährige Pflanzen, die in der Regel einen einzigen, aufrechten Stamm aus Holz bilden. Meistens sind sie größer als Sträucher und sie wachsen immer- oder sommergrün.

Kegelform

Der Stamm kegelförmiger Bäume verläuft meist durchgehend bis zur Spitze und bildet von ganz oben bis knapp über dem Boden horizontale Äste. Die Form ist typisch für viele Konferen, doch können auch Laubbäume eine kegelige Silhouette haben. Säulenförmige Bäume wachsen noch schmaler; mit ihnen kann man kleinen Gärten sehr gut mehr Höhe geben.

Pflanzvorschläge
- *Carpinus betulus* 'Fastigiata'
- *Chamaecyparis lawsoniana* 'Columnaris'
- *Cupressus sempervirens*
- *Juniperus communis* 'Compressa'
- *Taxus baccata* 'Fastigiata'

Pflegetipps Kegelförmige Bäume brauchen oft sehr wenig Pflege, können aber auch rasch zu groß werden.

Hängender Wuchs

Diese Bäume haben eine schirmartig bogige Krone mit Zweigen, die bis in Bodennähe überhängen, und viele der hübschen, eleganten Gehölze eignen sich ausgezeichnet für Kleingärten. Sie sind attraktiv als Solitäre, aber auch hervorragende Schattengeber für Waldgewächse in Rabatten.

Pflanzvorschläge
- *Betula pendula* 'Youngii'
- *Fagus sylvatica* 'Purpurea Pendula'
- *Morus alba* 'Pendula'
- *Prunus pendula* 'Pendula Rubra'
- *Pyrus salicifolia* 'Pendula'
- *Salix purpurea* 'Pendula'

Pflegetipps Nach oben wachsende Zweige ebenso entfernen wie solche, die schon auf den Boden hängen. Zu dicht gewordene Kronen auslichten.

Hochstamm

Die häufigste Baumform. Ein Hochstamm bildet eine einzelne Säule, die sich erst weiter oben in vertikal oder horizontal stehende Äste teilt. Meist wachsen Laubbäume hochstämmig, doch gibt es auch einige Koniferen mit dieser Wuchsform, etwa Eiben oder Kiefern. Kronen von Hochstämmen können u.a. eine aufrechte oder breitwüchsige Form haben.

Pflanzvorschläge
- *Acer pensylvanicum*
- *Betula utilis* var. *jacquemontii*
- *Pyrus calleryana*
- *Malus domestica* 'James Grieve'
- *Malus floribunda*
- *Sorbus aucuparia*

Pflegetipps Weil die Krone eines Hochstammes relativ schwer ist, müssen junge Exemplare gestützt werden (*siehe S. 38–41*). Manche Bäume werfen mit der Zeit ihre unteren Äste ab, bei anderen muss man sie abschneiden, um den Stamm freizulegen. Sie können tiefer stehende Äste aber auch am Baum belassen, wenn Sie seine natürliche Form vorziehen.

Viele Koniferen haben von Natur aus eine Kegelform. Sie brauchen nur genug Platz.

Hängeweiden tragen Kätzchen. Als Unterpflanzung eignen sich Schattengewächse.

Birken sind mit ihrem aufrechten Wuchs ein klassischer Hochstamm für Gärten.

Was ist ein Strauch?

Sträucher bilden im Gegensatz zu Bäumen schon aus der Basis mehrere Triebe und haben nur selten einen einzigen Stamm. Mit Ausnahme kälteempfindlicher Arten entwickeln sie eine dauerhafte holzige Struktur.

Mehrstämmig

Sträucher sind beliebte Gewächse für Kleingärten, denn ihr dauerhaftes Geäst gibt der Anlage einen Rahmen. Dank ihres mehrstämmigen Wuchses eignen sie sich auch vorzüglich als Sichtschutz oder Hecke. Manche werden wegen ihrer schönen Blätter und Blüten gezogen, andere vor allem wegen ihrer farbenfrohen Triebe, die im Winter ihren großen Auftritt haben.

Pflanzvorschläge
- *Buddleja globosa*
- *Hydrangea macrophylla*
- *Leycesteria formosa*
- *Potentilla fruticosa*

Pflegetipps Frühblüher werden nach dem Flor, Spätblüher im März gestutzt. Zieht man sie wegen ihrer Wintertriebe, werden sie vor Wuchsbeginn bis zum Boden zurückgeschnitten.

Wandsträucher

Manchen Sträuchern tut die Nähe einer Wand oder eines Zauns gut – etwa weil sie eine Stütze oder etwas zusätzlichen Schutz und Wärme brauchen. Bisweilen pflanzt man sie aber auch an einer Mauer, um eine kahle Fläche zu verschönern oder ein knapp bemessenes Areal optimal zu füllen.

Pflanztipps
- *Abutilon megapotamicum*
- *Acca sellowiana*
- *Ceanothus arboreus*
- *Chaenomeles x superba*
- *Euonymus fortunei*
- *Garrya elliptica*
- *Kerria japonica* 'Pleniflora'

Pflegetipps Die meisten Wandsträucher müssen an einer Stütze gezogen und regelmäßig geschnitten werden.

Bodendecker

Eine Reihe von Sträuchern breitet sich bodennah aus – man nennt sie dann niederliegend oder kriechend. Durch ihren dichten Wuchs unterdrücken sie Unkräuter. Einige tragen dekorative Beeren, andere hübsche Blüten oder Blätter. Strauchige Bodendecker gibt es für sonnige und schattige Stellen.

Pflanzvorschläge
- *Arctostaphylos uva-ursi*
- *Euonymus fortunei*
- *Gaultheria procumbens*
- *Hedera helix* 'Glacier'
- *Hypericum calycinum*
- *Juniperus squamata* 'Blue Carpet'
- *Leptospermum rupestre*
- *Rosa* Swany

Pflegetipps Wer rasch Ergebnisse sehen will, pflanzt bodendeckende Sträucher in Dreier- bis Fünfergruppen oder, wenn eine größere Fläche begrünt werden soll, auch in größeren Kolonien. Manche Arten können sich ungebührlich stark ausbreiten und brauchen regelmäßigen Schnitt. Jäten Sie das Areal vor dem Bepflanzen gründlich.

Hartriegel und Weide sind mit ihren farbenfrohen Trieben ein vorzüglicher Winterschmuck.

Wandsträucher wie diese Säckelblume kaschieren wirkungsvoll hässliche Mauern.

Typische Bodendecker wie dieser niederliegende Wacholder besiedeln große Flächen.

Standort- und Bodenbestimmung

Die richtige Pflanze am richtigen Ort – diese Faustregel ist bei der Auswahl von Sträuchern und Bäumen auf jeden Fall zu beherzigen. Prüfen Sie deshalb vorher, welchen Boden Ihr Garten hat und wie viel Sonne er bekommt.

Ton Der vermutlich schwierigste Bodentyp. Tonböden sind im Winter nicht sonderlich durchlässig, können jedoch im Sommer austrocknen und Risse bekommen. Rollen Sie eine Handvoll Erde aus Ihrem Garten in der Hand. Lässt sich die Wurst zu einem Ring formen, haben Sie einen Tonboden.

Ton und Lehm lässt sich zu einer Wurst rollen. Hat die Erde einen hohen Tonanteil, kann man sie sogar zu einem Ring formen.

Sand Böden mit hohem Sandgehalt lassen das Nass rasch durchsickern, weshalb den Pflanzen nicht viel Wasser und wichtige lösliche Mineralien zur Verfügung stehen. Fühlt sich die Erde körnig oder staubig an und kann man sie nicht zu einer Kugel rollen, enthält der Boden viel Sand.

Schluff Schluff ist wie Sand durchlässig. Er fühlt sich seidig an und lässt sich nicht rollen.

Lehm Nur selten setzt sich ein Boden aus einem einzigen der oben genannten Typen zusammen. Meist hat man es mit einer Mischung zu tun. Lehm ist ein wertvolles Pflanzmedium: Die dunkelbraune Erde speichert Feuchtigkeit eine Zeit lang, bevor sie sie langsam wieder freigibt. Sie kann zu einer Wurst gerollt werden, die jedoch bricht, wenn man einen Ring daraus zu formen versucht.

Sandige Erde zerfällt beim Versuch, einen Ball daraus zu formen. Sie fühlt sich deutlich körnig oder staubig an.

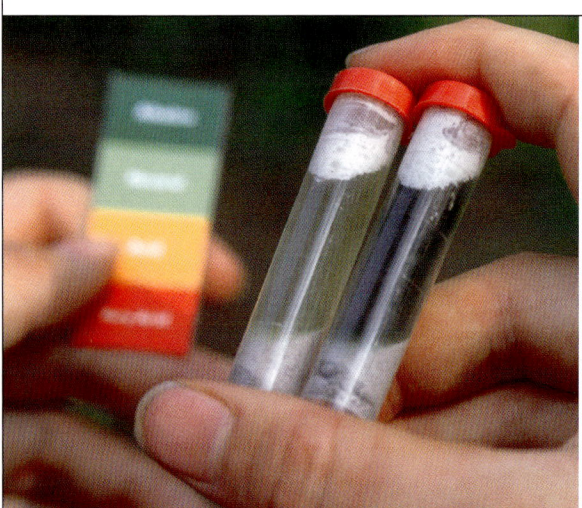

Der Säuretest Ebenso wie den Bodentyp in seinem Garten sollte man auch den pH-Wert des Erdreichs kennen. Um ihn zu bestimmen, kaufen Sie sich am besten einen Testsatz. Er ist in allen guten Gartencentern erhältlich und die Bestimmung ist ganz einfach. Sie entnehmen Bodenproben aus unterschiedlichen Bereichen Ihres Gartens, und zwar aus einer Tiefe von mindestens 2 cm unter der Oberfläche, denn erst dort wachsen Wurzeln. Bei den meisten Testsätzen sollen Sie dann den Boden mit destilliertem Wasser und einem pH-Indikator mischen und die auftretende Farbe mit einer Tabelle vergleichen, die der Packung beigelegt ist. Ein pH-Wert von 7 ist neutral, ein höherer Wert deutet auf alkalischen Boden hin und ein niedrigerer auf sauren Boden. Optimal ist ein pH-Wert von 5,5 bis 7,5.

Ausrichtung und Lage Sonnenlicht ist für Pflanzen genauso wichtig wie der Bodentyp. Alle Gewächse brauchen Sonne für ihre Photosynthese, manche mehr, manche weniger. Rhododendren und Skimmien beispielsweise sind Waldpflanzen und kommen am besten mit relativ schattigen Bedingungen zurecht. Rosmarin und Lavendel dagegen brauchen heiße, trockene Standorte und müssen daher an einen möglichst sonnigen Platz gesetzt werden.

Wenn Sie die Ausrichtung und Lage eines Gartens bestimmen, denken Sie daran, dass Schatten und Sonne sich im Tagesverlauf verändern. Ein am Morgen sonniger Winkel kann am späten Nachmittag recht kühl und schattig sein. Große Bäume, Zäune und Mauern sind nicht zu unterschätzende Schattenspender. Außerdem steht die Sonne im Sommer höher als im Winter. Manchmal zahlt es sich aus, einen neu erworbenen Garten erst einen Sommer lang zu beobachten, bevor man sich teure Bäume und Sträucher anschafft und ihn nach seinem Gusto gestaltet.

Mikroklima Wie schnell der Boden sich erwärmt und wie er die Temperatur speichert, hängt vom Bodentyp und der Ausrichtung ab. So können innerhalb eines einzigen Gartens mehrere Mikroklimata entstehen. Sandböden erwärmen sich schneller als Ton. Dasselbe gilt für nach Süden oder Südwesten gerichtete Stellen, die in unseren Breiten am stärksten von der Sonne beschienen werden. Noch heißer wird es an Südhängen, da sie direkt zur Sonne hin geneigt sind. Südmauern speichern tagsüber die Wärme und geben sie nachts wieder ab, was empfindlicheren Gewächsen gut zupasskommt. Am kühlsten und schattigsten ist es naturgemäß an Nordmauern, die zu keiner Jahreszeit in den Genuss direkter Sonne kommen.

In diesem Garten wurde die Ausrichtung optimal genutzt. So stehen Sonnenanbeter in der Mitte, wo sie am meisten Licht erhaschen.

Die Mauer am Gartenende dient als Wärmefalle, weshalb man empfindlichere Gehölze dort platzieren kann.

Bodenverbesserung Der pH-Wert eines Bodens lässt sich nur schwer beeinflussen. In gewissem Rahmen kann man die Erde durch Zugabe von Kalk etwas alkalischer und durch Einarbeiten von Rhododendrenerde oder Aufstreuen von Kiefernnadeln ein bisschen saurer machen. Bei größeren Flächen aber wird das aufwendig und teuer. Deshalb belässt man den Boden am besten so, wie er ist, und pflanzt stattdessen Gewächse, die mit dem pH-Wert zurechtkommen. Das gilt auch für Sand. Zwar kann man jeden Boden radikal verbessern, indem man reichlich organische Substanz einarbeitet, was seine Fähigkeit erhöht, Nährstoffe und Wasser zu speichern. Doch wird in Sand manchmal alles schnell wieder ausgewaschen. Deshalb gilt auch hier: Wählen Sie Pflanzen, die trockene, sandige Bedingungen vertragen. Ton wertet man durch Einarbeiten von Gärtnerkies oder Sand und organischer Substanz wie Dung oder Kompost auf.

Bäume und Sträucher auswählen

Die Auswahl an Gehölzen im Fachhandel ist riesig. Man sollte aber wissen, was man kauft und woran man gesunde Pflanzen erkennt. Wählen Sie Gewächse aus, die die Bedingungen in Ihrem Garten vertragen.

Bäume und Sträucher in Gefäßen

Gartenpflanzen werden meist im Gefäß angeboten. So kann man sie zu jeder Jahreszeit pflanzen und vor dem Kauf ihre Wuchsform schon kennenlernen. Beim Einpflanzen wachsen die Wurzeln allerdings manchmal im Kreis und können sich u.U. selbst ersticken.

Kauftipps Lesen Sie stets die Angaben auf dem Etikett. Haben Sie genug Platz für die ausgewachsene Pflanze? Eignet sie sich für Ihren Boden und den geplanten Standort? Das Exemplar sollte im Topf herangezogen und nicht vor Kurzem ausgegraben und eingetopft worden sein.

Pflanztipps Lockern Sie die Wurzeln, damit sie nicht im Kreis wachsen. Ballen vor dem Pflanzen gut einweichen.

Wurzelnackte Bäume und Sträucher

Nur wenige Pflanzengruppen – v. a. Obstgehölze, Heckenpflanzen und Rosen – werden wurzelnackt angeboten. Man kann sie zwischen Spätherbst und Spätwinter bekommen, wenn sie sich in der Winterruhe befinden. Sie wurden zuvor ausgegraben und beim Anbieter zeitweilig in ein großes Beet gepflanzt. Wurzelnackte Gehölze sind meist preiswerter als solche in Gefäßen. Sie wurzeln oft leichter ein, weil ihr Ballen nicht verdichtet ist.

Kauftipps In der Regel werden nur sommergrüne Bäume und Sträucher wurzelnackt angeboten. Sie müssen in der Ruhephase gekauft werden. Die Wurzeln sollten gut entwickelt sein. Achten Sie auf ihren gleichmäßigen Wuchs – ist er einseitig, wird die Pflanze aller Wahrscheinlichkeit nach kümmern. Bereiten Sie den geplanten Standort schon vor dem Kauf vor, denn Ihre Neuerwerbung soll so schnell wie möglich in die Erde kommen.

Pflanztipps Ist ein Einpflanzen nicht gleich möglich, schlagen Sie das Gehölz vorübergehend ein, indem Sie ein Loch graben und die Wurzeln darin bis zum Stammansatz mit Erde bedecken. An ihrem späteren Standort muss die Pflanze genauso tief gesetzt werden, wie sie vorher in der Baumschule gestanden hat. Man erkennt das an der Bodenmarke am Stamm.

Daran erkennen Sie ein gesundes Gehölz

Bäume und Sträucher sind mitunter nicht billig. Deshalb sollte man nur die gesündesten Exemplare renommierter Anbieter wählen. Wer seltene oder ungewöhnliche Arten sucht, wendet sich am besten an spezialisierte Züchter. Gartencenter sind gar nicht schlecht, denn ihre Gewächse müssen in der Regel nicht monatelang im Topf ausharren.

Gesamteindruck Hände weg von schiefen Exemplaren oder solchen mit verletzten Trieben. Greifen Sie zu gesunden, proportionierten Pflanzen.

Wurzeln Nehmen Sie keine Gewächse mit verdichtetem oder winzigem Ballen. Abgestorbene, faserige Wurzeln deuten auf Wachstumsstörungen hin.

Krankheiten und Schädlinge Kümmerndes oder verfärbtes Laub ist ein Alarmzeichen. Untersuchen Sie die Pflanze gut auf Schädlinge.

Gefäße auswählen

Fast alle Bäume und Sträucher lassen sich in Gefäßen ziehen. Töpfe gibt es in den verschiedensten Ausführungen. Das Abstimmen ihrer Form, Farbe und Oberflächenstruktur mit der Pflanze und des gesamten Ensembles mit dem Garten bzw. Haus ist eine Kunst für sich. Gefäße sollten frostfest sein und ausreichend große Abzugslöcher haben.

Kunststein (Terrazzo) Die Mischung aus Marmorstückchen und Granit wirkt elegant und modern. Sie ist haltbar, glatt und fühlt sich kühl an.

Ton Dieses traditionelle Material gibt es glasiert oder naturbelassen zu kaufen. Es ist nicht immer frostbeständig, da es Feuchtigkeit aufsaugt.

Stein Steingefäße gibt es in vielen Stilen von antik bis modern. Sie sind schwer, aber haltbar. Sie werden u.U. von Moos oder Flechten besiedelt.

Einen Baum pflanzen

Ein gut gepflanzter Baum belohnt Sie mit gesundem Wuchs. Setzen Sie ihn aber nicht zu tief, sonst fault der Stamm. Auch sollte er gut gestützt werden.

1 Vor dem Pflanzen wird der Standort gejätet. Wässern Sie den Baum gut und graben Sie verdichtete Erde um. Bäume in Gefäßen können das ganze Jahr über gepflanzt werden, vermeiden Sie jedoch Frost und Trockenperioden.

2 Graben Sie ein rundes Loch mit dem zweifachen Topfdurchmesser. Es sollte so tief wie der Wurzelballen sein. Den Boden des Lochs nicht umgraben, sonst sackt der Baum ab. Es reicht, mit einer Grabgabel Löcher hineinzustoßen.

3 Lockern Sie auch die Seiten des Lochs mit einem Spaten oder einer Gabel. Dann können die Wurzeln sie auf der Suche nach Nährstoffen und Wasser leichter durchdringen und sich ausbreiten. Dadurch wird der Baum kräftiger.

4 Stellen Sie den Baum ins Loch und prüfen Sie mit einem Stab, ob die Oberfläche des Ballens auf einer Höhe mit der Erde ist. Er sollte mit ihr abschließen oder etwas höher sein. Einfacher geht es, wenn man den Ballen aus dem Topf holt.

Einen Baum pflanzen *Fortsetzung*

5 Entfernen Sie das Gefäß und kratzen Sie überschüssige Erde von der Stammbasis. Werfen Sie auch einen genauen Blick auf die Wurzeln, um sicher zu sein, dass sich keine Dickmaulrüsslerlarven eingenistet haben (*siehe S. 121*).

6 Lockern Sie die Wurzeln, die sich außen um den Ballen herumgezogen haben. So verhindert man, dass sie weiter im Kreis wachsen und die Pflanze ersticken. Bei sehr verdichtetem Ballen ggf. einige Wurzeln abschneiden.

7 Stellen Sie den Baum ins Loch und breiten Sie die Wurzeln gleichmäßig aus. Füllen Sie Erde ins Loch, während ein Helfer den Baum aufrecht hält. Die Pflanze sollte gelegentlich leicht geschüttelt werden, damit sich die Erde um den Ballen setzt.

8 Drücken Sie die Erde beim Auffüllen immer wieder fest. Anfangs können Sie das mit den Händen tun. Ist das Loch ganz gefüllt, treten Sie die Erde behutsam fest. Die Zehen sollten dabei zum Stamm zeigen.

9 Schlagen Sie einen Pfosten im Winkel von 45 Grad so in die Erde, dass er sich zur Hauptwindrichtung neigt. Dabei sollte ein Helfer den Stamm etwas weghalten, damit der Baum nicht versehentlich beschädigt wird (*siehe S. 44–45*).

10 Binden Sie den Stamm auf Höhe eines Drittels der Baumlänge mit einem justierbaren Baumband und einem Abstandhalter an den Pfosten. Der Abstandhalter verhindert, dass der Stamm durch den Pflock beschädigt wird.

11 Gießen Sie den Baum gut an. Im ersten Jahr muss er insbesondere den Sommer über regelmäßig gewässert werden. Wenn Fraßschäden durch Wildtiere ein Problem darstellen , sollten Sie den Stamm eventuell mit einem Gitter schützen.

12 Nützlich ist eine Mulchschicht auf dem Wurzelraum, z. B. aus Holzschnitzeln, Folie oder beidem. Mulch unterdrückt Unkraut und hilft dem Boden, Feuchtigkeit zu speichern. Der Stamm muss aber frei bleiben, damit er nicht fault.

Einen Strauch pflanzen

Da Sträucher einen Garten langfristig verschönern sollen, ist sorgfältige Pflanzung wichtig. Und dann genießen Sie ganzjährig ihre reizvollen Formen, Farben und Strukturen.

1 Ein Strauch braucht genügend Platz zum Wachsen. Halten Sie daher entsprechende Entfernung zu den Nachbarpflanzen ein. Wässern Sie das Exemplar vor dem Auspflanzen gut in seinem Gefäß. Verdichteten Boden umgraben.

2 Graben Sie ein Pflanzloch, das so tief wie der Wurzelballen ist, aber zweimal so breit wie der Topf. Der Aushub sollte mit gut verrotteter organischer Substanz und einem Langzeitdünger vermischt werden.

3 Nehmen Sie den Strauch behutsam aus dem Topf. Wurzeln am Rande des Ballens werden nach außen gezupft. Setzen Sie den Ballen ins Loch und füllen Sie den Aushub wieder ein. Achten Sie darauf, kein Laub mit einzugraben.

4 Drücken Sie die Erde mit den Fingerspitzen fest. Tote, verletzte und ungünstig stehende Triebe werden bis ins gesunde Holz zurückgeschnitten. Zum Schluss gut wässern und mit Gartenkompost oder Rindenmulch abdecken.

Bäume und Sträucher stützen

Meist werden junge Bäume in den ersten Jahren mit einem Pfahl stabilisiert. Es gibt dafür ebenso viele Stützarten wie Theorien, welche Methode die beste ist. Hier einige der gängigsten.

Als Material für Stützpfähle eignet sich jedes behandelte Nadelholz. Fixieren Sie das Gehölz mit einem Baumband am Pflock. Ein Abstandhalter verhindert, dass Stamm und Stütze aneinanderscheuern. Nach ein paar Jahren hat der Pfahl ausgedient, denn dann sollte das Wurzelsystem kräftig genug sein, um die Pflanze zu stützen

Diagonale Stütze Durch Einschlagen des Pflocks im 45°-Winkel verhindern Sie Wurzelverletzungen. Diese Art der Befestigung ist auch stabiler als eine aufrechte Stütze.

Aufrechte Stütze Der Pfahl steht parallel zum Stamm, was ästhetisch ansprechend wirkt. Er muss vor dem Pflanzen eingeschlagen werden – das eignet sich nur für wurzelnackte Bäume, nicht aber für Gehölze mit Ballen.

Eckige Stütze Das Anbinden an einen runden Pfahl ist zwar einfacher, bei Verwendung einer Latte kann man dafür aber das Baumband mit einem Nagel befestigen, damit es nicht verrutscht. Der Nagel darf die Rinde nicht beschädigen.

Massive Stütze Große, reife Bäume müssen beim Pflanzen besonders gut fixiert werden. Diese Stütze verhindert eine Verletzung des Wurzelballens. Handelsübliche Baumbänder sind dafür aber schon zu klein.

Doppelstütze Sie wird oft bei kopflastigen Hochstämmen verwendet, die unterhalb der Krone leicht brechen, wenn sie an windigen Stellen stehen. Die Pfähle wurden schwarz gestrichen, damit sie weniger auffallen.

Sträucher stützen

Halteseile Ältere Bäume, die an einen neuen Standort umgesiedelt wurden, profitieren von einem Haltesystem aus Drähten oben am Stamm. Sie fixieren ihn gut, brauchen aber viel Platz und sind eine lästige Stolperfalle.

Klettersträucher wie Rosen kann man auch an Pfosten, Säulen oder Stangenzelten hochziehen. So geben Sie selbst einem kleinen Garten Höhe und einen attraktiven Blickfang.

Einen Beerenstrauch pflanzen

Kein Küchengarten ist komplett ohne Beerensträucher. Schwarze Johannisbeeren (*siehe unten*) werden tief gepflanzt, um die Bildung vieler gesunder Triebe zu fördern. Bei anderen Beeren soll der Ballen in etwa auf Bodenniveau sein.

1 Graben Sie ein Loch mit dem dreifachen Durchmesser des Wurzelballens. Die optimale Pflanzzeit ist der Herbst, wenn der Boden noch warm ist. Containerpflanzen können allerdings zu jeder Jahreszeit ins Freiland gesetzt werden.

2 Mischen Sie den Aushub mit reichlich organischer Substanz, bei Frühjahrspflanzung auch mit Langzeitdünger in empfohlener Menge. Wenn Sie die Pflanze aus dem Topf geholt haben, vorsichtig die Wurzeln am Rand des Ballens lockern.

3 Stellen Sie den Ballen in das Pflanzloch und füllen Sie den Aushub wieder hinein. Die Oberseite des Ballens sollte mit dem Boden ebenerdig abschließen. Lediglich Schwarze Johannisbeeren setzt man 3 cm unter Bodenniveau.

4 Schneiden Sie alle Triebe bis auf eine Knospe über dem Boden zurück – das regt den Neuaustrieb an. Zum Schluss wird noch ausgiebig gewässert und im Frühjahr dann reichlich mit gut verrottetem Stallmist gemulcht.

Eine Kordonreihe pflanzen

Kordons sind einstämmige Bäume auf schwach wachsender Unterlage. Sie eignen sich besonders für die Kultur auf engem Raum. Mischen Sie verschiedene Obstsorten, um eine gute Bestäubung und hohe Erträge zu erzielen.

1 Stecken Sie alle 70 cm je Pflanze eine Bambusrute im 45°-Winkel in die Erde und spannen Sie entlang des Zauns bzw. der Wand drei horizontale Drähte im Abstand von je 60 cm. Befestigen Sie die Bambusstäbe daran.

2 Pflanzen Sie die Bäume neben den Stäben auch im 45°-Winkel. Wegen der Neigung können Wurzeln aus der Erde ragen. Zwicken Sie sie ab, sodass alle vollständig von Erde bedeckt sind. Die Veredelungsstelle muss über dem Boden sein.

3 Befestigen Sie den Trieb mit Kettenbindern am Bambusstab. Wässern Sie den Wurzelraum ausgiebig und mulchen Sie ihn mit gut verrottetem Stallmist, der den Stamm aber nicht berühren darf. Zu dünne Stämme um ein Drittel einkürzen.

4 Schneiden Sie die Blüten im ersten Jahr ab, um die Bildung eines kräftigen Wurzelsystems zu fördern. Neuer Wuchs wird jedes Jahr zum Sommerende bis auf zwei Knospen zurückgeschnitten. So bleibt das Gehölz kompakt und trägt reichlich.

Rosen pflanzen

Rosen sind als Gartensträucher vielseitig einsetzbar. Vor dem Pflanzen werden Teehybriden und Floribunda-Rosen auf fünf Knospen über der Basis zurückgeschnitten.

Tipp

Die Veredelungsstelle zeigt an, wo das Edelreis auf die Unterlage gepfropft wurde. Sie kommt unter die Erde. Lediglich bei schweren Böden sollte sie sich 2–3 cm darüber befinden.

1 Graben Sie ein spatentiefes Loch von der doppelten Breite des Topfballens. Ideal ist ein sonniger Standort mit durchlässigem Boden, an dem bislang keine Rosen gestanden haben. Das verhindert eine Krankheit namens Bodenmüdigkeit.

2 Mischen Sie den Aushub 1:1 mit gut verrottetem Stallmist oder Kompost. Eine Beimpfung mit Mykorrhizapilzen fördert die Entwicklung eines gesunden Wurzelsystems. Halten Sie sich an die Anweisungen auf der Verpackung.

3 Setzen Sie die Rose ins Loch und breiten Sie ihre Wurzeln aus. Die Veredelungsstelle soll sich 4 cm unter dem Bodenniveau befinden (mit einem über das Loch gelegten Stab prüfen). Füllen Sie den Aushub zurück und drücken Sie die Erde fest.

4 Zum Schluss wässert man die frisch gesetzte Pflanze reichlich und mulcht sie mit gut verrottetem Stallmist. Wenn die Knospen im Frühjahr schwellen, verabreicht man einen speziellen Rosendünger – früher zu düngen ist zwecklos.

Einen Baum in ein Gefäß pflanzen

Ist der Platz knapp, kann man Bäume auch im Kübel ziehen. Gut dafür geeignet sind Apfelbäume, denn sie erfreuen im Frühling mit Blüten und später im Jahr mit ihren Früchten.

Tipp

Einen Apfelbaum auf schwach wachsender Unterlage (M26) wählen. Um Bestäubung zu gewährleisten, braucht man eine selbstbestäubende Sorte oder ein zweites Exemplar in der Nähe.

1 Kaufen Sie einen großen Kübel mit Abzugslöchern und legen Sie Tonscherben, Steine oder Styroporstücke hinein – sie verhindern, dass Erde die Löcher verstopft. Vor dem Pflanzen den Wurzelballen in einem Eimer Wasser einweichen.

2 Nun kommt in den Kübel eine Schicht Garten- oder Komposterde mit Langzeitdünger in der vom Hersteller empfohlenen Dosis. Tragen Sie beim Umgang mit Düngern stets Handschuhe.

3 Heben Sie den Baum aus seinem Gefäß und lockern Sie die äußeren Wurzeln. Verdichtete Wurzeln werden mit der Gartenschere entfernt. Der Ballen muss im neuen Gefäß genauso tief stehen wie im alten, der Stamm exakt senkrecht sein.

4 Nun wird der Kübel mit Erde gefüllt, die man mit den Fingerspitzen festdrückt. Zwischen Rand und Oberfläche sollten rund 5 cm Abstand bleiben. Zum Schluss wird kräftig gewässert. Im Sommer muss der Baum jeden Tag gegossen werden.

Pflanzen einer Laubmischhecke

Eine naturnahe Mischhecke aus sommergrünen Blüten- und Wildfruchtsträuchern bietet einen farbenfrohen Sichtschutz und gleichzeitig Unterschlupf für Wildtiere.

1 Jäten Sie einige Wochen vor dem Pflanzen den Standort und graben Sie ihn um. Dann hat der Boden Zeit, sich zu setzen. Die ideale Pflanzzeit ist der Herbst, wenn wurzelnackte Heckengehölze frisch im Fachhandel erhältlich sind.

2 Kaufen Sie wurzelnackte Gehölze – sie sind billiger als Exemplare in Gefäßen – und schlagen Sie Ihre Neuerwerbungen bis zum Einpflanzen ein. Dazu brauchen Sie nur ein Loch für die Wurzel zu graben.

3 Am späteren Standort der Hecke werden große Erdklumpen zerkleinert und neu sprießende Unkräuter gejätet. Ist der Boden etwas zu locker, tritt man ihn fest und harkt noch einmal darüber.

4 Markieren Sie die Pflanzreihe mit einer Schnur, die Sie an jedem Ende festbinden. Zweireihige Hecken brauchen zwei Schnüre in 40–60 cm Abstand. Sie bieten besseren Schutz, kommen aber nur für große Gärten infrage.

Pflanzen einer Laubmischhecke *Fortsetzung*

5 Heben Sie entlang der Schnur Löcher für die Heckenpflanzen aus. Dazwischen sollten jeweils 80 cm Abstand sein. Stecken Sie eine Rute an jede Stelle, an der ein Strauch stehen soll, oder messen Sie einfach jedes Mal den Abstand neu ab.

6 Mischen Sie die wurzelnackten Gewächse gut, damit sie wie von der Natur arrangiert wachsen. Lassen Sie sie eingeschlagen, bis sie an ihren Standort kommen. Trocknen die Wurzeln aus, besteht die Gefahr, dass der Strauch eingeht.

7 Beginnen Sie mit dem Pflanzen im vorgegebenen Abstand. Achten Sie auf die Bodenmarke am Stamm jeder Pflanze: Sie muss auf Bodenhöhe stehen. Rosen sind die Ausnahme – wenn sie tiefer gepflanzt werden, stehen sie stabiler.

8 Wurzelnackte Gewächse sind rasch gepflanzt. Man sticht den Spaten in den Boden, drückt ihn nach vorn und steckt die Pflanze in den Spalt. Wenn Sie den Spaten herausziehen, fällt die Erde zurück. Jetzt muss sie nur noch angedrückt werden.

9 Bei einer zweireihigen Hecke setzt man zuerst die hintere, dann die vordere Reihe. Pflanzen Sie die vordere Reihe versetzt zur hinteren, sodass beide annähernd eine Zickzacklinie bilden.

10 Sobald der Boden um die einzelnen Pflanzen festgedrückt ist, wässert man sie gründlich. Überlange oder staksige Triebe werden gekürzt, um neuen buschigen Wuchs aus der Basis der Sträucher zu fördern.

Ein Parterre anlegen

Parterres sind dekorative Blumen-, Kräuter- oder Gemüsebeete mit Heckeneinfassung. Dieses Kräuterparterre legt man am besten unter einem Küchenfenster an.

Tipp

Triebspitzen der Heckenpflanzen abzwicken, um einen kompakten, buschigen Wuchs zu fördern. Nach dem Einwachsen können die Hecken dreimal im Jahr geschnitten werden.

1 Jäten Sie den Standort und arbeiten Sie reichlich groben Sand oder Kies ein, um die Bodendränage zu verbessern. Viele Küchenkräuter stammen aus mediterranem Klima und gedeihen auf durchlässigem, trockenerem Boden.

2 Harken Sie die Erde glatt und entfernen Sie große Steine und Wurzeln von Pflanzen, die vorher am Standort gewachsen sind. Ideal dafür ist ein großer breiter Rechen aus Edelstahl.

3 Treten Sie die frisch bearbeitete Erde fest, um eventuelle Lufteinschlüsse zu beseitigen. Die Füße bleiben dabei eng zusammen und die Fersen werden auf den Boden gepresst. Danach wird der Boden noch einmal leicht geharkt.

4 Legen Sie ein Gartenvlies über die zu bepflanzende Fläche. Graben Sie die Enden der Plane in die Erde ein, damit sie nicht weggeweht wird. Das Vlies sorgt dafür, dass später weniger gewässert und gejätet werden muss.

Ein Parterre anlegen *Fortsetzung*

5 Markieren Sie das Pflanzmuster der Hecke mit Kreide oder Stiften auf dem Gartenvlies. Bei kleinen Beeten sollte das Muster einfach sein, denn ein zu ausgefeiltes Arrangement wirkt wirr und lässt sich nur schwer erhalten.

6 Mit einem scharfen Messer schneidet man in 20 cm Abstand Schlitze dort in das Vlies, wo die Pflanzen wachsen sollen. Drücken Sie mit einem Pflanzholz oder den Fingern Vertiefungen in die Erde und setzen Sie die Heckengewächse hinein.

7 Pflanzen Sie auf diese Weise das gesamte Heckenmuster. Bei den hier verwendeten Sträuchern handelt es sich um Buchsbaum (*Buxus sempervirens*), doch eignen sich auch *Lonicera nitida*, *Santolina chamaecyparissus* und Lavendel.

8 Arrangieren Sie nun die Töpfe, bis Sie mit der Anordnung zufrieden sind. Größere Gewächse wie der Lorbeer können als Blickfang dienen. Schneiden Sie Löcher in das Vlies und pflanzen Sie die Kräuter wie unter Schritt 6 beschrieben.

9 Kehren Sie Erde weg, die auf dem Vlies liegt, und sehen Sie sich Ihre Pflanzen anschließend genau an. Abgestorbene oder verletzte Triebe werden entfernt. Wässern Sie alle Gewächse gut.

10 Auf dem Vlies kann man Schieferkies verteilen. Er gibt dem Parterre ein dekoratives Aussehen und verdeckt die Schlitze im Vlies. Anstelle von Schiefer eignet sich aber auch Kies oder Schotter als Abdeckmaterial.

Einen Lorbeerbaum pflanzen und flechten

Mit Hochstämmen bringen Sie einen Hauch formaler Strenge in Ihren Garten. Die Gehölzskulpturen machen stets eine gute Figur – ob als Blickfang eines Kräutergartens oder neben dem Eingang!

Tipp

Mehrstämmige Lorbeerbäume kosten weniger als Hochstämme. Suchen Sie sich einen mit hohen, geraden Trieben. Vielleicht können Sie sogar aus einem Strauch zwei Hochstämme machen.

1 Durchtrennen Sie den Wurzelballen eines mehrstämmigen Exemplars mit dem Spaten. Verdichtete Ballen kann man auch mit einer Säge teilen. Suchen Sie sich drei gerade Triebe. Jeder muss noch reichlich gesunde Wurzeln haben.

2 Pflanzen Sie die Triebe nebeneinander in die Mitte eines Topfs und füllen Sie Gartenerde um die Wurzeln. Schneiden Sie die Blätter von den unteren zwei Dritteln der Triebe ab, sodass jeweils nur eine Laubkrone an der Spitze bleibt.

3 Nun werden die nackten Triebe geflochten. Achten Sie darauf, dass sie nicht brechen. Wenn Sie sie bis obenhin gedreht haben, binden Sie die Stämme mit einer Schnur fest zusammen, damit sie sich nicht wieder lösen.

4 Ungleichmäßiger Wuchs wird aus der Krone herausgeschnitten, sodass ein kompakter Kopf entsteht. Anschließend gut wässern. Halten Sie den Stamm immer frei von Trieben. Die Spitzen junger Kronenzweige abzwicken.

Einen lebendigen Weidenzaun anlegen

Junge Weidentriebe sind sehr biegsam, sodass Sie sie in die verschiedensten Formen wie diese Wegeinfassung biegen können. Die Ruten dafür schneidet man selbst oder bestellt sie per Post.

Tipp

Schneiden Sie Weidengerüste regelmäßig, sonst wachsen sie zu Bäumen heran. Beim Kauf fragt man nach geeigneten Weiden.

1 Schneiden Sie jeden Zweig am unteren Ende knapp unter einer Knospe, dann schlägt er besser Wurzeln. Ideale Zeit für das Setzen von Weidengerüsten ist das zeitige Frühjahr, wenn der Boden sich erwärmt und die Ruten noch biegsam sind.

2 Drücken Sie jede Rute mit dem unteren Ende rund 20 cm tief in gejätete, vorbereitete Erde. Man kann eventuell vorher mit einem Bambusstab ein Loch in die Erde stoßen. Weiden bevorzugen feuchtigkeitsspeichernde Böden.

3 Biegen Sie jede Rute zu einem Reifen und flechten Sie sie an den Enden zusammen, damit er seine Form bewahrt. Ggf. kann man mit Gartendraht nachhelfen. Wässern Sie gut. Zum Frühjahrsende sollten die ersten Blätter erscheinen.

4 Flechten Sie mehrere Reifen und stecken Sie sie je nach Durchmesser in 30–60 cm Abstand entlang des Wegs in die Erde, sodass sie eine Art Hecke bilden. Neuer Wuchs wird abgezwickt oder in das Gerüst mit eingeflochten.

Pflanzideen

Hier finden Sie attraktive und bewährte Pflanzarrangements mit saisonalen und immergrünen Gehölzen. Tipps zu Pflanzung und Pflege sowie Pflanzenbedarf erleichtern Ihnen die Umsetzung. Die Symbole unter den Abbildungen geben Auskunft über die bevorzugten Wuchsbedingungen der jeweiligen Pflanze und ihren gärtnerischen Wert.

Erklärung der Symbole

♔ Ausgezeichnet mit dem »Award of Garden Merit« der Royal Horticultural Society

Bevorzugtes Substrat

♦ Durchlässiger Boden

♦ Frischer Boden

◊ Feuchter Boden

Bevorzugte Lichtverhältnisse, Lage

☀ Volle Sonne

☀ Halbschatten oder diffuses Sonnenlicht

☼ Schatten

Frosthärte

❋❋❋ Voll winterhart

❋❋ Winterhart – übersteht in milden Gegenden oder an geschützten Standorten den Winter im Freiland

❋ Frostempfindlich – verträgt keine Minustemperaturen

Obstrabatte

Dieser dekorative und zugleich nützliche Mix vor einer sonnigen Mauer setzt sich aus Birnenkordons (*Pyrus*) mit ihren zarten weißen Blüten und einer niedrigen immergrünen Buchsbaumhecke (*Buxus*) zusammen. Die Perowskien zu Füßen der Bäume mit ihren unübersehbaren Rispen aus violetten Blüten sind eine gute Alternative zu Lavendel. Eine Etage tiefer bedeckt die Hundskamille (*Anthemis*) den Boden mit ihren großen, nickenden Blütenkörbchen. Ihr silbriges, fein gefiedertes Laub verströmt Fruchtduft und färbt sich im Winter grün. Die Birnbäume dagegen verwöhnen im Frühjahr mit Blüten und im Spätsommer mit köstlicher Frucht.

Pyrus communis
✽✽✽ ◊ ◗ ☀

Buxus sempervirens
✽✽✽ ◊ ◗ ☀ ☀ ♆

Voraussetzungen

Größe 1,5 x 5 m
Geeignet für Schmale Grenzrabatten
Boden Neutral, durchlässig
Standort Vollsonnig

Einkaufsliste

- 20 x *Buxus sempervirens*
- 3 x *Perovskia* 'Blue Spire'
- 9 x *Anthemis punctata* subsp. *cupaniana*
- 6 x *Pyrus communis* oder *Malus domestica* (für Kordons)

Pflanzung und Pflege

Den Standort jäten, umgraben und ein paar Wochen lang setzen lassen. Dann die Birnenkordons im hinteren Bereich pflanzen (*siehe Seite 47*). Verschiedene gleichzeitig blühende Sorten wählen für höheren Fruchtertrag. Die Buchssträucher etwa 10 cm neben dem Weg in 30 cm Abstand pflanzen, die Blütengewächse zwischen Kordons und Buchshecke.

Die Hundskamille nach der Blüte zurückschneiden, Perowskien im März bis auf drei, vier Knospen einkürzen. Fruchtkordons im Spätsommer schneiden, dabei den neuen Wuchs bis auf zwei Knospen reduzieren. Buchsbäume werden im Frühsommer gestutzt.

Perovskia 'Blue Spire'
✽✽✽ ◊ ☀ ♆

Anthemis punctata subsp. *cupaniana*
✽✽ ◊ ☀ ♆

Alternativer Pflanzvorschlag

Malus domestica
✽✽✽ ◊ ◗ ☀

Gemischte Rabatte im Streuschatten

Dominierendes Element dieser gemischten Rabatte ist die Schwarz-Erle (*Alnus glutinosa* 'Laciniata') mit ihren auffallenden, fiederspaltigen Blättern. In ihrem Streuschatten wachsen zwei sehr unterschiedliche immergrüne Gewächse und ein breitwüchsiger Horst aus krautigem Steppen-Salbei (*Salvia nemorosa*), der im Spätsommer tiefviolett blüht. Der Buchsstrauch (*Buxus*) wird rund geschnitten und bildet die Kulisse zum grauwolligen Laub der Kreta-Nessel (*Ballota pseudodictamnus*).

Voraussetzungen

Größe 5 x 5 m
Geeignet für Große gemischte Rabatten
Boden Durchlässig
Standort Vollsonnig bis halbschattig

Einkaufsliste

- 1 x *Alnus glutinosa* 'Laciniata'
- 1 x *Buxus sempervirens* (kugelig)
- 5 x *Salvia nemorosa* 'Ostfriesland'
- 3 x *Ballota pseudodictamnus*

Pflanzung und Pflege

Pflanzen Sie die Erle im hinteren Bereich der Rabatte. Kaufen Sie einen jungen Baum – er wächst besser ein. Wenn Sie 'Laciniata' nicht auftreiben können, versuchen Sie es mit 'Imperialis', einer ähnlichen Sorte mit tiefer fiederspaltigen Blättern. Die Buchskugel wird in etwa 40 cm Abstand zum vorderen Rand der Rabatte gepflanzt. Um sie herum kommen in 30 cm Abstand die drei Kreta-Nesseln – zwei seitlich und eine dahinter. Wem ein fertig geschnittener Buchsbaum zu teuer ist, der kann auch ein kleines Exemplar kaufen und es selbst in Form bringen. Salbei verträgt nur wenig Schatten, weshalb man ihn am Rand des Laubdachs ansiedelt. Den Buchs jährlich im Frühsommer schneiden, die Kreta-Nessel darf sich ausbreiten und wird nur alle paar Jahre gestutzt, damit sie nicht zu langbeinig wird. Regelmäßiges Entfernen welker Salbeitrauben verlängert die Blühdauer.

Alnus glutinosa 'Laciniata'
❋❋❋ ◊ ◑ ☼

Buxus sempervirens
❋❋❋ ◊ ◑ ☼ ◑ ♈

Salvia nemorosa 'Ostfriesland'
❋❋❋ ◊ ◑ ☼ ◑ ♈

Ballota pseudodictamnus
❋❋❋ ◊ ◑ ☼ ◑ ♈

Moderner Rosengarten

Ein einfaches, aber überwältigendes Ensemble mit der gefüllten roten Rose 'Ruby Wedding' als Blickfang. Die anderen Pflanzen rücken den Star ins rechte Licht und kaschieren gleichzeitig nackte, dornige Stängel. Eine kühne Kulisse zu den tiefroten Blüten der Rose bilden die hellen Blätter der Glänzenden Heckenkirsche (*Lonicera nitida*), deren Goldgelb vom Kletternden Spindelstrauch (*Euonymus fortunei*) weiter unten aufgegriffen wird. Die violetten Blüten der Katzenminze (*Nepeta sibirica*) und der Strauchveronika (*Hebe*) schaffen optisch Tiefe. Mit der Gartenhortensie (*Hydrangea macrophylla*) wird die Blüte bis in den Spätsommer ausgedehnt.

Hydrangea macrophylla
❋❋❋ ◊ ◖ ☼ ☀

Lonicera nitida 'Baggesen's Gold'
❋❋❋ ◊ ◖ ☼ ☀ ♆

Voraussetzungen

Größe 3 x 2 m
Geeignet für Gemischte Rabatte
Boden Neutral, durchlässig
Standort Sonnig

Einkaufsliste

- 1 x *Rosa* 'Ruby Wedding'
- 1 x *Hydrangea macrophylla*
- 3 x *Lonicera nitida* 'Baggesen's Gold'
- 5 x *Nepeta sibirica*
- 1 x *Euonymus fortunei* 'Emerald 'n' Gold'
- 1 x *Hebe* 'Midsummer Beauty'

Nepeta sibirica
❋❋❋ ◊ ◖ ☼ ☀

Rosa 'Ruby Wedding'
❋❋❋ ◊ ◖ ☼

Pflanzung und Pflege

Arbeiten Sie vor dem Pflanzen reichlich gut verrottete organische Substanz ein. Die Rose kommt in die Mitte. Sie wird so tief gepflanzt, dass die Veredelungsstelle sich in der Erde befindet (*siehe Seite 48–49*). Die Heckenkirsche sollte etwa 40 cm hinter der Rose stehen, während Spindelstrauch und Strauchveronika den vorderen Bereich der Rabatte einnehmen. Die Katzenminze verteilt man wie zufällig. Ganz hinten wird die Hortensie platziert. Von der Rose welkende Blüten gleich entfernen, während sie bei der Hortensie den Winter über an der Pflanze bleiben. Der Rest wird einmal im Jahr geschnitten.

Euonymus fortunei 'Emerald 'n' Gold'
❋❋❋ ◊ ◖ ☼ ☀ ♆

Hebe 'Midsummer Beauty'
❋❋ ◊ ◖ ☼ ☀ ♆

Mediterraner Mix

Eine mediterrane Pflanzung sieht nicht nur hervorragend aus, sondern bietet sich angesichts des Klimawandels und der Wasserknappheit förmlich an. So kann man einen warmen, sonnigen Gartenwinkel gut in ein Refugium für trockenheitsverträgliche Sträucher wie Lavendel (*Lavandula*), Rosmarin (*Rosmarinus*) und Heiligenblume (*Santolina*) verwandeln. Im Mittelpunkt steht der Olivenbaum (*Olea*) mit seinem alten, knorrigen Stamm und den silbrigen Blättern. Nördlich der Alpen wird man allerdings ein kleineres Exemplar im Kübel ziehen und ihn im Winter nach drinnen bringen. Alle Pflanzen sind immergrün und bleiben ganzjährig ansehnlich.

Santolina chamaecyparissus
❄❄ ◊ ☼ ♈

Olea europaea
❄ / ❄❄ ◊ ☼

Voraussetzungen

Größe 3 x 3 m
Geeignet für Kiesbeet, Steingarten, Kräutergarten
Boden Trocken, durchlässig, leicht
Standort Vollsonnig

Einkaufsliste

- 5 x *Lavandula angustifolia*
- 5 x *Rosmarinus officinalis*
- 3 x *Santolina chamaecyparissus* oder *Helichrysum italicum*
- 1 x *Olea europaea*

Pflanzung und Pflege

Jäten Sie den Standort gründlich und arbeiten Sie zur Verbesserung der Durchlässigkeit Kies, nicht jedoch organische Substanz ein. Zentrales Element ist der Olivenbaum; die anderen Sträucher werden in scheinbar natürlicher Anordnung um ihn herumgruppiert. Bedecken Sie zum Schluss die nackte Erde mit Kies, Kieseln und Steinen. Beim Pflanzen muss gewässert werden, danach je nach Witterung gelegentlich.

Stutzen Sie Lavendel, Rosmarin und Heiligenblume im Frühjahr, ohne bis auf altes Holz zurückzuschneiden, da es nicht mehr austreibt.

Lavandula angustifolia
❄❄❄ ◊ ☼

Alternativer Pflanzvorschlag

Rosmarinus officinalis
❄❄ ◊ ☼

Helichrysum italicum
❄❄ ◊ ☼ ♈

Schattiger Teichrand

Dieses elegante, heitere Arrangement lebt allein von der Gruppierung der Laubschmuckgewächse am Rand des erhöhten Teichs. Große Baumfarne (*Dicksonia*) sind teuer, zeichnen sich aber durch einen wunderschönen architektonischen Wuchs aus. Sie bringen Höhe und Spannung in einen Garten und erheben hier ihre Krone stolz über die kleineren Spreuschuppigen Wurmfarne (*Drypoteris affinis*). Auch kleine Ahornbäume (*Acer*) bieten sich als zentrale Elemente einer Teichpflanzung an: Die tief fiederteiligen, purpurnen Blätter der hier abgebildeten Sorte bringen eine interessante Textur ins Spiel. Der schattige Bereich neben dem Wasser eignet sich als Wohlfuhlwinkel, in dem man bestens entspannen kann. Astilben gibt es in Weiß, Rot oder Rosa – sie können auch durch andere Schattenpflanzen ersetzt werden.

Voraussetzungen

Größe 5 x 5 m
Geeignet für Hof, Terrasse, Waldgarten
Boden Durchlässig, feucht
Standort Streuschatten

Einkaufsliste

- 3 x *Dicksonia antarctica*
- 1 x *Acer palmatum* var. *dissectum* Dissectum-Atropurpureum-Gruppe
- 3 x *Astilbe* Köln
- 3 x *Dryopteris affinis*

Pflanzung und Pflege

Baumfarne werden in unserem Klima im Kübel gezogen und im Haus überwintert. Sie stellen keine großen Ansprüche an das Substrat, denn ihr Stamm ist das eigentliche Wurzelwerk. Man besprüht ihn im Sommer alle paar Tage mit Wasser. Der Ahorn bevorzugt durchlässigen, leicht sauren Boden, daher arbeitet man beim Pflanzen etwas Rhododendronerde ein. Die Astilben gedeihen im Streuschatten und in feuchtem Erdreich. Platzieren Sie den Wurmfarn zwischen Ahorn und Baumfarn.

Dicksonia antarctica
❄/❄❄ ○◐ ☼ ☀ ☙

Acer palmatum var. *d.* Dissectum-Atropurpureum-Gruppe ❄❄❄ ○ ☼

Astilbe Köln
❄❄❄ ○◐◐ ☼ ☀ ☙

Dryopteris affinis
❄❄❄ ◐ ☀ ☙

Koniferengruppe

Mit Koniferen schafft man selbst auf kleinerem Raum ein lebendiges Patchwork aus Texturen und Formen. In diesem Arrangement herrscht eine große Vielfalt an Gold-, Blau-, Grau-, Gelb- und Grüntönen. Dekorative Steine und Felsblöcke geben der Minilandschaft Struktur und bilden einen Farb- und Texturkontrast zu den Gehölzen. Ein Koniferengarten sieht ganzjährig schön aus und braucht trotzdem wenig Pflege – das ist einer seiner großen Vorteile. Beim Kauf sollte man sich die Etiketten stets gut ansehen, denn auch wenn manche Sorten als »Zwergkoniferen« deklariert sind, können sie mit der Zeit recht groß werden. In einem kleinen Garten mussen sie mitunter schon nach fünf bis zehn Jahren ersetzt werden.

Voraussetzungen

Größe 4 x 4 m
Geeignet für Stein-, Koniferen- und Alpingärten
Boden Durchlässig
Standort Voll- bis absonnig

Einkaufsliste

- 1 x *Picea pungens* Glauca-Gruppe
- 1 x *Picea abies* 'Ohlendorffii'
- 1 x *Platycladus orientalis* 'Aurea Nana'
- 1 x *Juniperus chinensis* 'Variegata'
- 1 x *Abies pinsapo*
- 1 x *Juniperus* 'Grey Owl'

Pflanzung und Pflege

Pflanzen Sie *Picea pungens* im Hintergrund, denn sie wird einmal zu stattlicher Größe heranwachsen. Die kompakteren Vertreter platziert man dort, wo sie nicht von großen Nachbarn bedrängt werden können. Der Chinesische Wacholder (*Juniperus chinensis*) kommt in die Mitte – seine ausladende Form wird die Lücke gut füllen. Mulchen Sie mit Rinden- oder Holzschnitzeln. Pflege braucht diese Anlage wenig, denn Koniferen werden kaum je geschnitten. Geraten sie zu groß, ersetzt man sie.

Picea pungens Glauca-Gruppe
✻✻✻ ◗ ☼

Picea abies 'Ohlendorffii'
✻✻✻ ◗ ☼

Platycladus orientalis 'Aurea Nana'
✻✻✻ ◗ ◗ ☼ 🏆

Juniperus chinensis 'Variegata'
✻✻✻ ◗ ◗ ☼ ☼

Abies pinsapo
✻✻✻ ◗ ☼

Juniperus 'Grey Owl'
✻✻✻ ◗ ◗ ☼ ☼ 🏆

Frühjahrskollektion

Zentrales Element dieser Bepflanzung ist der sommergrüne Japanische Schneeball (*Viburnum plicatum*), so genannt wegen seiner beeindruckenden großen Blüten. Hinter ihm wachsen die hohen, beblätterten Halme des Schwarzrohrbambus (*Phyllostachys nigra*). Einen würdigen Begleiter gibt auch *Abutilon* x *suntense* ab – seine violetten Blüten bilden einen starken Gegenpol zum goldgelben Laub des Falschen Jasmins (*Philadelphus coronarius*). Er hat weiße Blüten zu bieten, die obendrein noch intensiv duften. Den Vordergrund nimmt eine Unterpflanzung aus Wald-Vergissmeinnicht (*Myosotis*) und weiterer Frühlingsblüher ein.

Abutilon x *suntense* 'Ralph Gould'
✿✿ ◊ ◖ ☼

Philadelphus coronarius 'Aureus'
✿✿✿ ◊ ◖ ☼ ☼ ♖

Voraussetzungen

Größe 4 x 3 m
Geeignet für Gemischte Rabatten, pflegeleichte Gärten
Boden Durchlässig
Standort Sonnig bis absonnig

Einkaufsliste

- 1 x *Abutilon* x *suntense* 'Ralph Gould'
- 1 x *Philadelphus coronarius* 'Aureus'
- 1 x *Viburnum plicatum* 'Mariesii'
- 1 x *Phyllostachys nigra*
- 5 x *Myosotis sylvatica*

Viburnum plicatum 'Mariesii'
✿✿✿ ◊ ◖ ☼ ☼ ♖

Pflanzung und Pflege

Platzieren Sie den Falschen Jasmin und den Bambus in etwa 2 m Abstand im Hintergrund der Rabatte, den Schneeball 1,5 m davor und neben ihm der *Abutilon*, beide mit selbstaussäenden Frühlingsblühern unterpflanzt. Der Schwarzrohrbambus eignet sich gut für kleine Gärten, denn er wächst relativ langsam und bleibt recht kompakt. Diese Pflanzung ist pflegeleicht, denn ihre Protagonisten brauchen nur gelegentlich gestutzt zu werden, damit sie nicht zu groß werden. Allerdings muss die krautige Unterpflanzung nach der Blüte und Aussaat abgeräumt werden. Werfen Sie die welken Reste auf den Kompost.

Phyllostachys nigra
✿✿✿ ◊ ◖ ☼ ☼ ♖

Myosotis sylvatica
✿✿✿ ◊ ◖ ☼ ☼

Strauchrabatte für den Sommer

In dieser Rabatte hat man Sträucher mit unterschiedlicher Laubtextur zusammengebracht - so bleibt das Ensemble auch nach der Blüte abwechslungsreich. Hauptdarsteller ist der hohe *Clerodendrum* im Hintergrund. Seine grünweißen Knospen öffnen sich zu duftenden weißen Blüten, aus denen im Herbst dekorative blaue Beeren reifen. Auch der Himalaja-Indigostrauch (*Indigofera heterantha*) entfaltet mit seinen winzigen Blättchen und den rosa Schmetterlingsblüten seine beste Wirkung im Hintergrund. Das Rosa seiner Blüten wird vom Japanischen Spierstrauch (*Spiraea japonica*) weiter vorn aufgegriffen. Der Fingerstrauch (*Potentilla fruticosa*) macht von Juni bis September mit orangefarbenem Flor auf sich aufmerksam, während *Euphorbia characias* als Strukturgeberin im Frühsommer mit ungewöhnlichem Laub und gelben Blüten mit violetter Mitte die Blicke auf sich zieht.

Voraussetzungen

Größe 4 x 4 m
Geeignet für Gemischte Strauchrabatten
Boden Durchlässig, feucht
Standort Voll- bis absonnig

Einkaufsliste

- 1 x *Clerodendrum trichotomum* var. *fargesii*
- 1 x *Spiraea japonica* 'Magic Carpet'
- 1 x *Indigofera heterantha*
- 1 x *Euphorbia characias* subsp. *characias*
- 1 x *Potentilla fruticosa* 'Sunset'

Pflanzung und Pflege

Beim *Clerodendrum* im späten Frühjahr frostgeschädigte Triebe entfernen und verhindern, dass er sich zu sehr ausbreitet, ansonsten in Ruhe lassen. Pflanzen Sie Spierstrauch, *Euphorbia* und Fingerstrauch vorn im Abstand von etwa 2 m zueinander. Der sommerblühende Spierstrauch wird im Frühjahr bei Bedarf kräftig zurückgeschnitten, *Euphorbia* dagegen nach der Blüte.

Clerodendrum trichotomum var. *fargesii*
❋❋ ◊ ☼ ♛

Spiraea japonica 'Magic Carpet'
❋❋❋ ◊ ☼ ♛

Indigofera heterantha
❋❋ ◊ ☼ ♈

Euphorbia characias subsp. *characias*
❋❋ ◊ ☼

Potentilla fructicosa 'Sunset'
❋❋❋ ◊ ☼

Herbstfeuer

Der Herbst steht dem Frühjahr an Farben-vielfalt in nichts nach – das beweist der Frucht- und Laubschmuck zahlreicher Gewächse. Kombinieren Sie verschiedene Tönungen. Hier bilden die gelblichen Blätter der Hängebirke (*Betula pendula*) die Kulisse für drei Fächerahorne (*Acer palmatum*). Eine Wilde Blasenkirsche (*Physalis alkekengi*) bringt die Mitte mit ihren orangefarbenen Laternenfrüchten zum Glühen. Die Iris blühen zwar relativ früh, leisten mit ihrem strukturbetonten Wuchs aber ebenfalls einen Beitrag zum Ganzen.

Voraussetzungen

Betula pendula
✽✽✽ ◊ ☼ ♈

Acer palmatum 'Garnet'
✽✽✽ ◊ ☼ ◐ ♈

Größe 8 x 8 m
Geeignet für Wälder, große Strauch-rabatten
Boden Durchlässig, feucht
Standort Streuschatten

Einkaufsliste

- 1 x *Betula pendula*
- 1 x *Acer palmatum* 'Garnet'
- 1 x *Acer palmatum* 'Bloodgood'
- 1 x *Acer palmatum* var. *dissectum* Dissectum-Atropurpureum-Gruppe
- 3 x *Physalis alkekengi*
- 5 x Iris (Bartiris)

Pflanzung und Pflege

Physalis alkekengi
✽✽✽ ◊ ◐ ☼ ◐ ♈

Acer palmatum 'Bloodgood'
✽✽✽ ◊ ☼ ◐ ♈

Meiden Sie windige, exponierte Standorte, denn dort wird das zarte Laub des Ahorns zerrupft. Pflanzen Sie die Gehölze im Herbst, solange der Boden noch warm ist. Durch Einarbeiten von Laubhumus in das Erdreich schafft man eine waldähnliche Bodenstruktur. Die Ahorne werden im Abstand von 3–4 m im Dreieck gepflanzt, wobei die kleinste Form (Dissectum Atro-purpureum) nach vorn kommt. Kann die Pflanzung nicht in einem Wald angelegt werden, platziert man die Birke so, dass sie Schatten spendet. Die Blasenkirsche kommt zwischen die Ahorne, die Iris dagegen nach vorn, wo sie im Frühjahr ihre Blüten und den Rest des Jahres ihr markantes Laub zeigen können.

Acer palmatum var. *d.* Dissectum-Atropurpureum-Gruppe ✽✽✽ ◊ ◐

Iris (Bartiris)
✽✽✽ ◊ ☼

Waldwinkel für den Winter

Diese einfache Kombination mit einem sommergrünen Baum und drei immergrünen Sträuchern kann sich den ganzen Winter über sehen lassen. Die Schneeheide (*Erica carnea*) bedeckt den Boden mit ihren rosa Blüten, während die Berg-Kiefer (*Pinus mugo*) und die Japanische Stechpalme (*Ilex crenata*) eine dauerhafte Struktur bilden. Diese Stechpalme ist mit ihren gelbgrünen Blättern ein ausgesprochen dekorativer Schmuck im winterlichen Garten – vor allem, wenn sie auch noch Beeren trägt. Und die rötlich hellbraune Borke des Zimtahorns (*Acer griseum*) ist das ganze Jahr ein Hingucker.

Voraussetzungen

Größe 4 x 4 m
Geeignet für Kleine Waldpartie
Boden Leicht, durchlässig
Standort Sonnig bis absonnig

Einkaufsliste

- 1 x *Acer griseum*
- 3 x *Erica carnea*
- 1 x *Ilex crenata* 'Variegata'
- 1 x *Pinus mugo*

Pflanzung und Pflege

Schneiden Sie die unteren Äste des Ahorns ab, damit seine Borke gut zu sehen ist. Dadurch wird außerdem seine Krone nach oben verlagert, sodass schattenliebende Waldsträucher, -stauden und -zwiebeln darunter gedeihen. Ggf. schützt man neue Pflanzen mit einem Gitter vor Wildtieren. Die Schneeheide kommt mit den meisten Bodentypen zurecht und gedeiht in der Sonne, weshalb kein Schatten auf sie fallen sollte. Dieser Wald en miniature braucht nur wenig Pflege, mitunter sollte jedoch Unkraut gejätet werden. Bedecken Sie die Beete mit einem natürlich wirkenden Mulch aus Rinde, Kiefernnadeln oder Holzschnitzeln. Im Frühjahr stutzt man die Heide, damit sie nicht zu langbeinig wird. Dabei darf aber nicht in altes Holz geschnitten werden.

Acer griseum
❄❄❄ ◊ ◖ ☼ ◐ ♈

Erica carnea
❄❄❄ ◊ ☼

Ilex crenata 'Variegata'
❄❄❄ ◊ ◖ ☼

Pinus mugo
❄❄❄ ◊ ☼ ♈

Richtig schneiden

Mut zur Schere: Das Schneiden von Gehölzen ist ganz einfach, wenn man die Grundtechniken beherrscht. Sie erfahren in diesem Kapitel, wie Sie Schnitte am besten ansetzen und einen Ast korrekt entfernen. Außerdem finden Sie wertvolle Tipps zum Formen von Bäumen und Hecken. Leicht verständliche Schritt-für-Schritt-Anleitungen zeigen, wie Sie durch gekonntes Schneiden verblüffende Laubeffekte erzielen, dekorative Triebe im Winter in Szene setzen und Formschnittgehölze gestalten. Bevor Sie jedoch die Klinge ansetzen, sollten Sie sich die Sicherheitshinweise auf den nächsten Seiten gut ansehen.

Wichtige Schneidetechniken

Wer Bäume und Sträucher nicht sich selbst überlassen will, kommt kaum ohne Schnitt aus. Viele Gehölze haben zwar einen idealen Schnittzeitpunkt, oft können Sie die Schere aber auch immer dann ansetzen, wenn Sie es für richtig halten.

Oberstes Gebot: Sicherheit Um Unfälle zu vermeiden, beachten Sie beim Umgang mit scharfen Schneidegeräten auf jeden Fall streng alle Sicherheitsvorschriften.
Tragen Sie Handschuhe und einen Augenschutz Sie schützen vor Verletzungen durch Säge und Schere, aber auch vor Dornen und Stacheln. Ein Gehörschutz ist beim Bedienen lauter Maschinen erforderlich. Leitern müssen auf ebenem, festem Grund stehen. Bitten Sie nach Möglichkeit jemand, die Leiter zu sichern, indem er sich auf die unterste Sprosse stellt. Lehnen Sie sich nie zu weit hinaus. Bei elektrischen Geräten ist ein Schutzschalter Voraussetzung, und achten Sie darauf, dass das Kabel immer hinter Ihnen liegt. Verwenden Sie keine elektrischen Geräte bei Nässe. Der Umgang mit einer Kettensäge muss erst erlernt werden.
Riskieren Sie nichts! Jedes Jahr landen Tausende von Hobbygärtnern im Krankenhaus, weil sie im Garten verunglücken. Überlassen Sie schwierige Aufgaben Fachleuten.

Entfernen kranker Zweige Krankes Holz soll weg, bevor sich die Infektion ausbreitet. Wenn Sie nicht sicher sind, ob ein Trieb abgestorben ist, schneiden Sie ihn mit einer Gartenschere an. Ist das Holz frisch und elastisch, lebt der Zweig. Krank sein kann er allerdings trotzdem.

Überkreuzte Triebe Wird ein Astgerüst zu dicht, wachsen manche Zweige überkreuzt und reiben aneinander, wodurch das Gehölz langfristig Schaden nimmt. Außerdem kann Lichtmangel die Blüte beeinträchtigen. Nehmen Sie die am wenigsten gesunden Triebe bis zum Ansatz heraus.

Anregen zu neuem Wuchs Gelegentlich muss altes oder krankes Holz bis zu gesundem Wuchs zurückgestutzt werden. Das fördert den Neuaustrieb von unten. Die Pflanze wird dadurch insgesamt verjüngt, sofern man es mit dem Zurückschneiden nicht übertreibt.

Schnitt wechselständiger Knospen Setzen Sie über der Knospe einen schrägen Schnitt so an, dass Regenwasser von ihr wegläuft. Meist schneidet man bis auf eine nach außen weisende Knospe zurück, bei Gehölzen, die leicht umfallen, aber auch auf eine zur Mitte gerichtete Knospe.

Schnitt gegenständiger Knospen Ahorne und Hortensien tragen gegenständige Knospen. Bei ihnen erfolgt ein gerader Schnitt direkt über dem Knospenpaar. Bleibt zu viel Stumpf zurück, kann er krank werden; schneidet man dagegen zu nah an der Knospe, verletzt man sie womöglich.

Entspitzen Bei dieser Methode werden die Wachstumsspitzen junger, weicher Triebe mit den Fingern abgezwickt. Das regt die Bildung von Seitentrieben an. Bei Hochstämmen mit kugeliger Krone fördert man so einen buschigen, dichten Wuchs.

Entfernen von Ästen Damit lassen Sie mehr Licht in das Gerüst und regen die Pflanze zu produktiverem Wuchs an. Mehr als fingerdicke Äste werden immer mit der Säge abgeschnitten. Dabei soll das Holz nicht reißen oder splittern. Mit Astscheren gelingt kaum je ein sauberer Schnitt.

Äste entfernen

Nur mit korrektem Gerät gelingt ein guter Schnitt. Pflegen Sie sorgfältig Ihr Werkzeug und halten Sie alle Klingen scharf. Wenn Ihnen ein Unterfangen zu schwierig erscheint oder der Ast zu hoch steht, beauftragen Sie besser kompetente Fachleute.

Das passende Werkzeug Mit Gartenscheren schneidet man Triebe bis 1,5 cm Durchmesser, wobei Bypassscheren sauberer schneiden als Ambossscheren. Astsägen eignen sich für Triebe, die mehr als fingerdick sind. Bogensägen sind oft zu sperrig für einen Astschnitt. Astscheren sind generell für exakte Schnittarbeit wenig empfehlenswert, da sie nicht so sauber wie eine Säge schneiden. Dafür kann man mit ihnen gut Äste kürzen, bevor der letzte Schnitt angesetzt wird, oder Schnittabfall zerkleinern. Hohe oder ungünstig stehende Äste erreicht man mit langstieligen Astsägen oder -scheren. Ihr Einsatz ist zudem sicherer als das Herumbalancieren auf einer Leiter. Tragen Sie bei ihrer Verwendung jedoch immer einen Sicherheitshelm und Augenschutz.

Splitterbruch Die meisten Äste sind schwerer, als man meint, und splittern bei falschem Schnitt. Man kürzt daher abschnittweise mit einer Astschere, um ihr Gewicht zu reduzieren. Der letzte, saubere Schnitt erfolgt mit einer Astsäge. Problemfälle überlassen Sie am besten dem Fachmann.

Schlechter Schnitt Schneiden Sie Äste nie wie hier gezeigt direkt am Stamm ab. Die Wunde heilt nur schwer und ist anfällig für Krankheiten, was dem ganzen Baum zum Verhängnis werden kann. Große Äste entfernt man mit einem schrägen Schnitt in 2–3 cm Abstand vom Stamm.

Saubere Schnitte mit der Dreischnitttechnik

1 Entscheiden Sie, welcher Ast zu entfernen ist. Schneiden Sie ungünstig stehende Triebe möglichst in jungem Stadium heraus, die Heilung ist dann schneller. Gehölze vertragen mehrere kleine Wunden außerdem besser als eine große.

2 Führen Sie in etwa 15 cm Entfernung vom Stamm einen Unterschnitt bis zur Hälfte des Asts durch. Der zweite Schnitt wird ein kleines Stück weiter weg vom Stamm angesetzt. So entfernt man das Holz, ohne dass die Wunde ausfranst.

3 Mit dem dritten Schnitt wird der verbliebene Aststumpf abgetrennt. Setzen Sie ihn von oben knapp hinter der Ansatzstelle an. Der Schnitt wird so durchgeführt, dass er in leichtem Winkel vom Stamm wegführt.

4 Mit dieser Methode erhält man eine glatte Schnittfläche, bei der das zur Heilung notwendige Gewebe intakt bleibt. Bald wird der Schnitt schrumpfen, da der Baum eine Schutzrinde bildet, die die offene Stelle irgendwann einmal bedeckt.

Einen Strauch verjüngen

Zu groß gewordene Sträucher werden ersetzt oder kräftig zurückgeschnitten, wie dieser Perückenstrauch (*Cotinus*).

Allerdings vertragen nicht alle Pflanzen eine Radikalkur. Viele Koniferen etwa treiben aus altem Holz nicht mehr aus.

1 Dieser Strauch soll im zeitigen Frühjahr vor dem Austrieb gestutzt werden. Er braucht einen harten Rückschnitt, damit er wieder eine schöne Form bekommt, neue Kraft schöpft und benachbarte Gewächse in Ruhe lässt.

2 Entfernen Sie mit einer Astsäge tote oder kranke Zweige. Dann sind die größeren Äste an der Reihe. Sie werden in mehreren Schritten herausgenommen. Arbeiten Sie mit Unterschnitten, damit die Wunde nicht ausfranst (*siehe S. 90–91*).

3 Reduzieren Sie das gesamte Gerüst auf drei bis vier Äste, aus denen die neuen Triebe sprießen sollen. Die Höhe kann man nach Belieben wählen – rund 60 cm sind jedoch ideal, um einen kompakten Strauch zu erhalten.

4 Damit der Strauch nicht zu groß wird, schneidet man den letztjährigen Wuchs jedes Jahr leicht zurück. So bleibt die Silhouette kompakt, das Gerüst kräftig und das Laub ansehnlich.

Einen Frühsommerblüher schneiden

Die meisten Sträucher müssen jährlich in Form gebracht werden. Manche brauchen nur einen leichten Rückschnitt, andere wie dieser *Philadelphus* sollten kräftiger gestutzt werden, weil ihre neuen Triebe die meisten Blüten tragen.

1 Warten Sie mit dem Stutzen, bis der Flor welkt. Wenn man Sommerjasmin (*Philadelphus*) regelmäßig einmal im Jahr schneidet, wird er zuverlässig im Frühsommer eine Fülle duftender weißer Blüten tragen.

2 Schneiden Sie ein Viertel der ältesten Blütentriebe bis 15 cm über dem Boden zurück. Das fördert den Austrieb junger, kräftiger Sprosse aus den Knospen unterhalb der Schnittstellen, an denen sich im nächsten Jahr die Blüten öffnen.

3 Alte Triebe mit jungem Wuchs werden nur etwas eingekürzt. Man schneidet das obere Drittel bis zu einem jüngeren Zweig zurück. Auch totes, verletztes oder krankes Holz wird entfernt.

4 Zwicken Sie die Spitzen kräftiger junger Triebe ab, damit sie sich weiter unten stärker verzweigen und mehr Blüten tragen. Die fertig geschnittene Pflanze sollte nun kompakter und sauberer wirken als zuvor – und reichlich neuen Wuchs bilden.

Apfelbäume schneiden

Werden Apfelbäume jährlich geschnitten, bedanken sie sich mit reichlich Blüten und Früchten. Setzen Sie die Schere im Winter an, wenn das Astgerüst am besten zu sehen ist.

1 Schneiden Sie Apfelbäume behutsam, um die Bildung von Fruchttrieben anzuregen. Dieses ältere Exemplar soll verjüngt werden. Ein jährlicher Schnitt wird ihm guttun.

2 Entfernen Sie einige ältere aufrechte Zweige, die anderen das Licht wegnehmen. Zu viel Schatten reduziert die Fruchtbildung enorm. Schneiden Sie die störenden Äste bis zum Ansatz zurück (*siehe S. 91*).

3 Mit einer stabil stehenden Sicherheitsleiter gelangt man zu höheren Ästen. Langstielige Astscheren oder -sägen sind dafür nicht zu empfehlen, da mit ihnen ein exakter, sauberer Schnitt aus einiger Entfernung kaum möglich ist.

4 Schneiden Sie die Triebe auf einen Hauptast oder den Stamm bzw. einen ähnlich großen oder etwas kleineren Zweig zurück. Stummel sollten nicht stehen bleiben, weil sie absterben und von Krankheiten befallen werden können.

Apfelbäume schneiden *Fortsetzung*

5 Sehen Sie sich den Baum immer wieder aus einiger Entfernung an: Stimmt der Gesamteindruck? Versuchen Sie die Mitte des Gehölzes etwas auszulichten. Nehmen Sie auch überkreuzte, abgestorbene und kranke Zweige heraus.

6 Entfernen Sie Konkurrenztriebe und auch einige der fruchtenden Kurztriebe. Durch das Herausnehmen des hier gezeigten Zweigs beispielsweise bekommen die übrigen Kurztriebe mehr Licht und tragen besser.

7 Dünnen Sie einige junge Triebe aus, denn nicht alle haben Platz, sich zu fruchtenden Ästen zu entwickeln. Lassen Sie alle 30 cm einen oder zwei junge Triebe stehen. Auch zu kurzer oder schwacher Wuchs wird herausgenommen.

8 Arbeiten Sie sich systematisch um den Baum, sodass ein ausgewogenes Astgerüst mit offener, gut durchlüfteter Mitte entsteht. Sparrige Äste, die in ungünstigem Winkel stehen und die Gesamtform stören, müssen ebenfalls heraus.

9 Schneiden Sie nicht zu stark, denn dann reagiert der Baum im folgenden Jahr mit übermäßigem Wuchs und entwickelt viele Triebe, die jede Menge Laub tragen, aber kaum blühen und fruchten.

Beerensträucher schneiden

Wer gern Obst in seinem Garten zieht, kommt nicht umhin, gelegentlich die Schere anzusetzen. Mit einem Schnitt entfernt man nicht nur tote und kranke Triebe, sondern verbessert gleichzeitig die Fruchtqualität und erhält die Form der Pflanze. Der Strauch bekommt mehr Sonne und Luft, sodass die Blütenknospen besser reifen. Hier einige Schnitttechniken für beliebte Beerensträucher.

Heidelbeeren

Um einen guten Ertrag zu erhalten, brauchen Sie mehr als eine einzige Sorte – das fördert die Bestäubung. Nach dem Pflanzen kann man Heidelbeeren drei, vier Jahre lang ungehindert wachsen lassen. Danach allerdings werden sie zu dicht und sind auszudünnen, da sie sonst immer weniger Beeren tragen. Die Frucht bildet sich am vorjährigen Holz, weshalb man im Winter schneidet. Nehmen Sie einen oder zwei der ältesten Triebe mit einer Astschere oder -säge bis zur Basis heraus. Auch abgestorbener oder kranker Wuchs wird entfernt, ferner niedrige, dünne Triebe, die unter dem Gewicht der Beeren umfallen würden. Falls eine Kiefer in der Nähe wächst, sammelt man die abgefallenen Nadeln und verteilt sie als Mulch um die Basis des Strauchs, der sauren Boden bevorzugt.

Im Winter werden ein oder zwei der ältesten Triebe bis zum Boden oder zu einem niedrigen Seitenast zurückgeschnitten.

Heidelbeeren sind wohlschmeckende, äußerst gesunde Köstlichkeiten. Sie brauchen sauren Boden und werden daher oft in Töpfen kultiviert.

Gleichzeitig nimmt man totes, krankes, beschädigtes oder überkreuztes Holz heraus. Dabei wird bis auf einen kräftigen Trieb eingekürzt.

Johannisbeeren und Stachelbeeren

Stachelbeeren und Rote Johannisbeeren haben ein ähnliches Wuchsverhalten. Beide fruchten an älterem Holz und am Ansatz neuer Triebe. Sie werden in Becherform mit offener Mitte, als Fächer, Hecken oder vertikaler Kordon gezogen. Für beengte Verhältnisse ideal ist der vertikale Kordon an einem Zaun oder einer Mauer. Dazu zieht man einen Leittrieb an einer Rute und bindet ihn mit zunehmendem Wachstum jedes Jahr fest, bis er etwa 1,8 m hoch ist. Im Winter wird der neue Wuchs an allen Seitentrieben bis auf zwei Augen zurückgeschnitten. Schwarze Johannisbeeren werden wie Sträucher kultiviert und tiefer als Rote Johannisbeeren oder Stachelbeeren gepflanzt. Sie tragen an jungen Ruten. Ein Drittel ihres älteren Holzes sollte im Winter bis zur Basis zurückgeschnitten werden.

Himbeeren

Es gibt zwei Gruppen von Himbeeren: im Sommer fruchtende und im Herbst fruchtende Sorten. Beide sollten an Drähten gezogen werden, die man zwischen Pflöcke spannt. Sie können die Erträge optimieren, wenn Sie wissen, wie die beiden Gruppen fruchten. Sommerhimbeeren tragen an vorjährigen Ruten Beeren. Nach dem Abernten im Sommer schneidet man die alten Triebe, die Früchte geliefert haben, bis zum Boden zurück. Anschließend bindet man nur die gesündesten neuen Ruten des diesjährigen Wuchses an die Drähte. Sie sollten 6–10 cm Abstand zueinander haben. Herbsthimbeeren tragen an diesjährigen Ruten Beeren. Man lässt sie nach dem Fruchten stehen und schneidet sie erst im Februar oder März bis zum Boden zurück. Bald treiben neue Ruten aus. Sie müssen nicht ausgedünnt werden.

Jeden Winter wird ein Drittel des älteren Holzes von Schwarzen Johannisbeeren entfernt. Schneiden Sie kräftige Triebe bis zum Boden zurück.

Zum Saisonende bilden Himbeeren ein wirres Durcheinander. Bei Sommersorten werden alte Ruten entfernt und die neuen eingebunden.

Gleichzeitig holt man schwache, dünne, abgestorbene, verletzte und kranke Triebe komplett heraus.

Herbsthimbeeren werden im Spätwinter oder zeitigen Frühjahr bis zum Boden zurückgeschnitten. Sie treiben bald kräftig neu aus.

Hecken schneiden

Hecken werden geschnitten, damit sie ihre Form bewahren. Die Basis ist in der Regel breiter als die Spitze – so gelangt genug Licht bis nach unten. Die Krone kann flach, eckig oder rund gestaltet werden.

Naturnahe Hecke Sie ist ideal für romantische Land- oder Naturgärten. Meist setzt sie sich aus verschiedenen Bäumen und Sträuchern zusammen. Ein ungezwungenes Aussehen lässt sich zwar ohne viel Aufwand erreichen, doch ist sorgfältige Pflanzenauswahl und gelegentlicher Schnitt erforderlich, damit die Hecke immer »natürlich« aussieht.

Spitze Hainbuchenhecke Eine solche Hecke ist windfester als eine mit flacher Krone. Außerdem halten sich keine schweren Schneelasten. An geschnittenen Hainbuchenhecken bleibt das welke Laub den Winter über haften, sodass sie ganzjährig einen Sichtschutz bieten.

Formale Eibenhecke Solche streng geometrischen Formen sind nur bei Gehölzen mit dichtem Wuchs wie Eiben, Buchsbäumen, Liguster oder strauchigen *Lonicera* möglich. Besonders gut sind Eiben geeignet, da sie langsam wachsen und sich auch nach kräftigem Schnitt wieder erholen.

Schnitt einer formalen sommergrünen Hecke Schneiden Sie im Spätsommer. Halten Sie das Blatt der Heckenschere parallel zur Hecke und führen Sie es mit einer runden Bewegung auf und ab. Das Kabel muss sich hinter Ihnen befinden, das Gerät mit einem Schutzschalter gesichert sein.

Schnitt einer formalen immergrünen Hecke Immergrüne Hecken werden meist im Spätsommer geschnitten, doch können wüchsige Pflanzen wie Leyland-Zypressen auch früher eine Zusatzbehandlung benötigen. Buchsbaum sollte man nur im Frühsommer einmal in Form bringen.

Flaches Ende Spannen Sie auf beiden Seiten der Hecke zwischen jeweils zwei am Ende der Hecke eingeschlagenen, standfesten Pfosten eine straff gezogene Schnur, an der Sie sich orientieren. Die Scherenblätter werden horizontal gehalten, sodass ein gerader Schnitt entsteht.

Verjüngung Dieser Rückschnitt sieht zwar drastisch aus, doch reagieren viele Sträucher und Bäume wie diese Hainbuchen gut auf eine Radikalkur. Kürzen Sie zunächst nur die Krone und eine Seite, damit die Hecke Zeit hat, sich zu regenerieren. Die zweite Seite ist im nächsten Jahr an der Reihe.

Rosenschnitt

Für jede Rosengruppe gibt es eine Schnitttechnik. Finden Sie heraus, welcher Typ in Ihrem Garten wächst, und schneiden Sie ihn wie hier beschrieben.

Alte Gartenrosen

Sie blühen meist nur einmal im Jahr. Man schneidet sie im zeitigen Frühjahr und entfernt totes oder verletztes, krankes, schwaches und überkreuztes Holz. Ein starker Rückschnitt ist nicht erforderlich – es reicht, den Strauch um ein Drittel zu reduzieren. Schnitte werden über einer nach außen gerichteten Knospe schräg angesetzt. Kürzen Sie im Herbst die Triebe um ein Drittel ein, damit Böen die Wurzeln nicht lockern.

Beispiele für alte Gartenrosen

- *Rosa* 'Blanche Double de Coubert'
- *Rosa* 'Boule de Neige'
- *Rosa* 'Charles de Mills'
- *Rosa* 'De Rescht'
- *Rosa* 'Fantin-Latour'
- *Rosa* 'Frau Dagmar Hartopp'
- *Rosa* 'Louise Odier'
- *Rosa* 'Madame Isaac Pereire'
- *Rosa* 'Madame Pierre Oger'
- *Rosa* 'Maiden's Blush'
- *Rosa mundi*
- *Rosa rugosa*
- *Rosa rugosa* 'Alba'
- *Rosa* 'Souvenir de la Malmaison'
- *Rosa* 'William Lobb'

Strauchrosen

Die Rosen dieser Gruppe blühen normalerweise während der Sommermonate mehr als einmal. Sie müssen nicht so stark geschnitten werden wie andere Rosen, da sie an älteren Trieben blühen. Ein Schnitt dient vielmehr dazu, eine kräftige, offene Struktur aus reifem Holz zu schaffen. Das verbessert die Luftzirkulation, was wiederum das Risiko eines Pilzbefalls verringert. Im zeitigen Frühjahr wird totes, verletztes, schwaches, überkreuztes oder erkranktes Material entfernt. Anschließend nimmt man einige der ältesten Triebe bis zum Boden heraus. Gesunden Wuchs kürzt man um ein Drittel, einige Seitentriebe um lediglich einige Zentimeter. Setzen Sie die Schere stets über einer gesunden, möglichst nach außen gerichteten Knospe an. Welke Blüten werden abgeschnitten, um die Blühdauer zu verlängern.

Beispiele für Strauchrosen

- *Rosa* 'Ballerina'
- *Rosa* Bonica
- *Rosa* 'Cerise Bouquet'
- *Rosa* 'Constance Spry'
- *Rosa* 'Dortmund'
- *Rosa* Eglantyne
- *Rosa* Falstaff
- *Rosa* 'Felicia'
- *Rosa* 'Fritz Nobis'
- *Rosa* Gertrude Jekyll
- *Rosa* Golden Celebration
- *Rosa* Graham Thomas
- *Rosa* 'Marguerite Hilling'
- *Rosa* 'Nevada'
- *Rosa* Rhapsody in Blue
- *Rosa* 'Sally Holmes'
- *Rosa* Sweet Juliet
- *Rosa xanthina* 'Canary Bird'

Teehybriden

Die meisten Teehybriden sind wie Strauchrosen remontierend. Sie tragen ihre Blüten einzeln oder in kleinen Büscheln und reagieren gut auf einen kräftigen Rückschnitt im zeitigen Frühjahr. Als Erstes holt man tote, kranke, schwache und überkreuzte Triebe heraus. Schneiden Sie dann von den übrigen die ältesten bis zum Boden zurück, wobei Sie 3–5 junge, kräftige Triebe stehen lassen – sie werden bis 15 cm über dem Boden eingekürzt, was etwa der Länge einer Gartenschere entspricht. Setzen Sie den Schnitt nach Möglichkeit schräg über einer nach außen zeigenden Knospe an. Welke Blüten werden den Sommer über entfernt, um die Pflanze zu neuem Flor anzuregen. Im Spätherbst oder Frühwinter reduziert man die Höhe des Strauchs um ein Drittel, damit die Wurzeln bei starken Winden keinen Schaden nehmen.

Beispiele für Teehybriden

- *Rosa* Alexander
- *Rosa* 'Blessings'
- *Rosa* Dawn Chorus
- *Rosa* 'Deep Secret'
- *Rosa* Elina
- *Rosa* Freedom
- *Rosa* Ingrid Bergman
- *Rosa* 'Just Joey'
- *Rosa* Lovely Lady
- *Rosa* Paul Shirville
- *Rosa* Peace (syn. Gloria Dei)
- *Rosa* Remember Me
- *Rosa* Savoy Hotel
- *Rosa* 'Silver Jubilee'
- *Rosa* Tequila Sunrise
- *Rosa* Troika
- *Rosa* Warm Wishes

Floribunda-Rosen

Diese Rosen werden wegen ihrer vielblütigen Büschel im Sommer geschätzt. Geschnitten werden sie ähnlich wie Teehybriden, jedoch nicht ganz so stark. Zunächst nimmt man alle toten oder schadhaften, kranken, schwächlichen und überkreuzten Triebe heraus. Ziel des Schnitts ist ein 20–30 cm hohes Gerüst aus 6–8 kräftigen, jungen Ästen. Geschnitten wird nach Möglichkeit schräg über einer nach außen gerichteten Knospe. Entfernen Sie welkende Blüten regelmäßig, um die Pflanze zu einer längeren Blühdauer anzuregen – allerdings kann das bei der Vielzahl von Blüten etwas dauern. Im Spätherbst oder Frühwinter kürzt man die Triebe um ein Drittel ein. So reduzieren Sie die Angriffsfläche, wenn kräftige Winde an der Pflanze rütteln und das Wurzelsystem in Mitleidenschaft ziehen.

Beispiele für Floribunda-Rosen

- *Rosa* 'Arthur Bell'
- *Rosa* 'English Miss'
- *Rosa* Fascination
- *Rosa* Fellowship
- *Rosa* 'Fragrant Delight'
- *Rosa* Iceberg
- *Rosa* Pretty Lady
- *Rosa* 'Princess of Wales'
- *Rosa* Queen Elizabeth
- *Rosa* Rememberance
- *Rosa* Sexy Rexy
- *Rosa* Sunset Boulevard
- *Rosa* Tall Story
- *Rosa* The Times Rose
- *Rosa* Trumpeter

Schöne Triebe für den Winter

Wenn Sie einige Hartriegel, Weiden und *Rubus* jährlich bis fast zum Boden zurückschneiden, bilden sie viele leuchtende Triebe, die im Winter Farbe in den Garten bringen.

1 Entfernen Sie schwachen, toten oder kranken Wuchs und lichten Sie das Gerüst aus. Sträucher mit schönen Wintertrieben, wie dieser Hartriegel (*Cornus*), sollten im Februar oder März geschnitten werden.

2 Nehmen Sie den vorjährigen Wuchs bis auf das erste Knospenpaar über dem Triebansatz zurück. So bleibt ein Gerüst aus jungem Holz übrig, aus dem bald die neuen Triebe sprießen.

3 Einige der älteren, dickeren Zapfen schneidet man heraus, damit der Neuaustrieb nicht überkreuz wächst und aneinanderreibt. Trägt ein Strauch zu viele solcher Triebe, sieht er außerdem zu dicht und struppig aus.

4 Nach dem Schnitt sollte eine einfache, offene Struktur übrig bleiben, aus der eine Vielzahl farbenfroher Triebe entspringen kann. Verteilen Sie um die Pflanze eine Mulchschicht und geben Sie bei Laubaustrieb etwas Langzeitdünger.

Laubwirkung

Werden Laubschmuckge-
hölze wie *Paulownia*, *Catalpa*
oder panaschierter Holun-
der jedes Jahr geschnitten,
erfreuen sie uns mit großen,
dekorativen Blättern.

Tipp

Holunder trägt gegenständige Knospen, weshalb man Schnitte über ihnen
gerade ansetzt. Bei Sträuchern mit
gegenständigen Knospen erfolgt der
Schnitt schräg darüber (*siehe S. 89*).

1 Schneiden Sie den Strauch im zeitigen Frühjahr noch vor dem Laubaustrieb radikal zurück, um die Pflanze auf ein niedriges Gerüst zu reduzieren. Hier der panaschierte Schwarze Holunder *Sambucus nigra* 'Aureomarginata'.

2 Die Vorjahrestriebe werden mit einer scharfen Astschere oder, noch besser, einer Astsäge auf zwei oder drei Knospen zurückgestutzt. Schwaches oder dünnes Holz schneidet man komplett bis zum Ansatz heraus.

3 Entfernen Sie mit einer Astsäge auch einige alte, zu dicht stehende Triebe aus der Pflanzenmitte. Abgestorbene und kranke Zweige werden ebenfalls herausgeschnitten.

4 Zum Schluss bleibt ein etwa 75 cm hohes Gerüst übrig. Binnen eines Jahres wird der Strauch wieder 2 m erreichen. Eine dicke Mulchschicht mit etwas Abstand zu den Stämmen und ein Volldünger wird der Pflanze guttun.

Formschnitt

Einfache geometrische Figuren wie z. B Kegel sind vielseitig einzusetzen und geben formalen Rabatten und eleganten Terrassen Struktur. Zudem lassen sie sich leicht formen.

Tipp

Um die Ausbreitung von Krankheiten zu verhindern, desinfizieren Sie Ihr Werkzeug vor dem Schneiden jeder neuen Pflanze. Nach Gebrauch mit Öl einreiben, damit es nicht rostet.

1 Beim Kauf von Buchsbäumen oder anderen für den Form-schnitt geeigneten Gehölzen wählt man gesunde, dichte Exemplare mit einem kräftigen, aufrechten Leittrieb in der Mitte. Die »Schokoladenseite« sollte nach vorn zeigen.

2 Stellen Sie sich über die Pflanze und bestimmen Sie den Leittrieb, der die Spitze des Kegels bildet. Mit einer lang-stieligen Heckenschere beginnt man den Kegel schräg nach unten zu schneiden. Arbeiten Sie sich um die Pflanze herum.

3 Betrachten Sie Ihr Werk immer wieder aus einiger Entfer-nung. Beugen Sie sich über den Kegel und blicken Sie direkt über der Spitze nach unten. So können Sie abschätzen, ob der Kegel auf allen Seiten gleichmäßig breit geschnitten ist.

4 Wenn Ihr Kegel Löcher hat, schneiden Sie ihn nicht immer weiter zurück, denn sonst bleibt irgendwann nicht mehr viel übrig. Lücken sind bald zugewachsen. Danach brauchen Sie den Kegel nur noch zweimal im Jahr in Form zu bringen.

Pflege von Bäumen und Sträuchern

Lernen Sie hier Maßnahmen kennen, nach deren Anwendung sich Ihre Bäume und Sträucher das ganze Jahr über von ihrer besten Seite zeigen. Durch gezieltes Wässern fördern Sie die Gesundheit Ihrer Pflanzen und sparen außerdem kostbares Trinkwasser. Welche Schädlinge und Krankheiten können für Ihre Lieblinge zur Gefahr werden und wie können Sie dem begegnen? In diesem Kapitel erfahren Sie es. Außerdem zeigen wir Ihnen, wie man einen Baum oder Strauch am besten umsiedelt.

Wässern und Mulchen

In den ersten Jahren nach dem Pflanzen brauchen Gehölze regelmäßige Wassergaben. Danach kann man sie sich selbst überlassen – sofern man schon von vornherein alles richtig gemacht hat.

Wie gewässert wird Gießen Sie das Wasser direkt auf die Erde über dem Wurzelraum und nicht auf das Laub. Mit einer tellerförmigen Vertiefung um den Hauptstamm schafft man ein Minireservoir, in dem sich Wasser sammeln kann. Wenn man nach dem Pflanzen nicht genug wässert, wird das Wachstum des Gehölzes beeinträchtigt, das dadurch sogar absterben kann. Kümmert eine Pflanze nach drei Jahren immer noch, ersetzt man sie durch eine, die besser für die Bedingungen geeignet ist. Kübelpflanzen müssen noch häufiger gegossen werden – im Sommer mitunter sogar täglich. Eine dicke Mulchschicht hilft Feuchtigkeit speichern.

Sparsamer Umgang mit Wasser

Wählen Sie Pflanzen aus, die mit Trockenheit zurechtkommen, falls in Ihrer Gegend wenig Niederschlag fällt. Ältere Gehölze brauchen nicht gegossen zu werden. Sickerschläuche versorgen die Pflanzen gleichmäßig dort mit Wasser, wo es am dringendsten gebraucht wird. Gießen Sie abends oder am frühen Morgen, wenn weniger verdunstet. Stellen Sie ein Wasserfass zum Sammeln von Regenwasser auf – Sie erweisen damit nicht nur der Umwelt einen Dienst, sondern senken auch Ihre Wasserrechnung. Organische Substanz hilft dem Boden, Feuchtigkeit zu speichern.

Häufeln Sie um neue Pflanzen herum einen Wall an, sodass eine Vertiefung entsteht und das Wasser gezielt zu den Wurzeln gelangt.

Mit Sickerschläuchen erreicht das Wasser direkt den Wurzelbereich. Der Spritz- oder Verdunstungsverlust ist gering.

Warum mulchen? Erstens verhindert eine Mulchschicht die direkte Einwirkung von Sonne und Wind, Wasserverlust und Verdunstung werden reduziert. Organischer Mulch wirkt wie ein Schwamm. Er saugt Regenwasser auf und absorbiert Feuchtigkeit aus der Luft, gibt sie anschließend langsam an die Wurzeln ab. Zweitens wird seine organische Substanz während des Verrottungsprozesses langsam von Würmern und durch Niederschläge ins Erdreich gebracht, was die Bodenstruktur verbessert. Drittens unterdrückt eine Mulchschicht Unkraut, weil kein Licht auf den Boden gelangen kann. Allerdings funktioniert das nur, wenn der Mulch steril ist, was nur bei gekauften Produkten der Fall ist. Gartenkompost enthält oft Unkrautsamen – was aber auch kein Problem ist, da frisch gestreuter Mulch locker ist und das Jäten mit einer flachen Haue somit leicht von der Hand geht. Eine Schicht aus organischem Mulch darf nicht direkt bis zu den Stämmen von Bäumen und Sträuchern reichen, da die in ihr enthaltene Feuchtigkeit das Holz faulen lassen kann.

Verteilen Sie um die Basis des Gehölzes eine 5–15 cm dicke Mulchschicht. Der Stamm bleibt frei. Alle ein bis drei Jahre erneuern.

Mulchmaterial

Holz- oder Rindenschnitzel sind ideale Mulchmaterialien für Gehölzrabatten, da sie gut zu ihrer Umgebung passen. Unkräuter keimen in ihnen nur schwer. Weil sie langsam verrotten, müssen sie nicht so häufig erneuert werden wie Humus oder Stallmist. Kies ist eine beliebte Abdeckung für Steingärten, japanische Anlagen, mediterrane Pflanzungen und Kräuterbeete. Gewebefolien, etwa aus Polypropylen, bewähren sich auch als Unterlage für Kies. Sie sind durchlässig für Wasser, nicht aber für Unkräuter. Weil sie unschön aussehen, werden sie mit lockerem Mulch bedeckt.

Kies ist ein gutes Material zum Abdecken, vermischt sich jedoch im Lauf der Zeit mit der Erde. Gartenfolie darunter verhindert das.

Verteilen Sie das Mulchmaterial gleichmäßig – auch direkt unter den Zweigen. Ggf. muss es unter niedrige Triebe geschoben werden.

Jäten und Düngen

Soll ein Garten ansehnlich bleiben, ist jäten und düngen unerlässlich. Unkräuter konkurrieren mit Zierpflanzen um Nährstoffe und Wasser. Düngemittel fördern einen gesunden, kräftigen Wuchs.

Warum jäten? Unkräuter sind manchmal nicht nur unansehnlich, sie machen Bäumen und Sträuchern auch Wasser, Licht und Nährstoffe streitig. Im Grunde aber ist Unkraut nur eine Pflanze, die am falschen Ort wächst. Wenn Sie ein paar dieser Gewächse an unauffälligen Stellen stehen lassen, wird es Ihnen die Tierwelt danken.

Wenn Sie Unkräuter frühzeitig entfernen, verhindern Sie deren Keimung und Ausbreitung.

Unkrautbekämpfung Unkraut vermeidet man am besten, indem man den Garten dicht bepflanzt. Ideal sind bodendeckende Sträucher, doch auch das Laubdach von Bäumen senkt die Licht- und Wassermenge unter das Minimum, das die meisten Unkräuter brauchen. Nackte Erde kann man mit Mulch (siehe Seite 112) bedecken. Die einfachste Form der Bekämpfung ist das Jäten mit der Hand und das wirkungsvollste Werkzeug der Unkrautstecher. Eine Hacke leistet gute Dienste beim Jäten auf nackter Erde, doch kann man damit bodennahe Wurzeln von Gehölzen verletzen. Einjährige Kräuter werden herausgezogen, bevor sie sich aussäen. Mehrjährige Kräuter aber lassen sich damit nicht ausmerzen. Man bekämpft sie entweder mit einem Unkrautvernichter oder gräbt ihre Wurzeln aus. Nicht zu empfehlen ist eine Fräse, denn sie zerhackt die Kräuter nur in winzige Stücke, die vielhundertfach wieder austreiben.

Mit einer Hacke lässt sich Unkraut wirkungsvoll jäten. Beschädigen Sie dabei aber keine oberflächennahen Wurzeln von Gehölzen.

Mehrjährige Unkräuter können z.T. aus winzigen Wurzelstückchen wieder austreiben. Sie gehören daher nicht auf den Kompost.

Unkrautvernichtungsmittel Herbizide sind wirkungsvolle Waffen im Kampf gegen lästiges Grün, vor allem, wenn man es mit einer großen Fläche zu tun hat, auf der mehrjährige Unkräuter wachsen. Man kauft die Mittel entweder fertig als Spray oder als Konzentrat, das verdünnt und mit der Gießkanne oder einer Rückenspritze ausgebracht wird. Tragen Sie dabei immer Schutzkleidung gemäß den Empfehlungen des Herstellers und halten Sie sich genau an die Dosierungs- und Spritzanweisungen. Achten Sie darauf, dass weder Sie selbst noch Ihre Zierpflanzen mit den Mitteln in Kontakt kommen. Ideal ist das Ausbringen an windstillen Tagen. Systemische Mittel – meist enthalten sie den Wirkstoff Glyphosat – wirken gegen mehrjährige Unkäuter, da sie absorbiert und bis zu den Wurzeln transportiert werden. Kontaktmittel schädigen Blätter und Triebe, nicht jedoch die Wurzeln. Sie eignen sich daher nur für einjährige Unkräuter.

Wahl des Düngers Düngemittel enthalten wichtige Nahrung für die Pflanzen. Die meisten Präparate sind in konzentrierter Form erhältlich und setzen sich aus den drei Hauptnährstoffen Stickstoff (N), Phosphor (P) und Kalium (K) in unterschiedlichen Mischungsverhältnissen zusammen. Stickstoff fördert den grünen Wuchs, Phosphor sorgt für gesunde Wurzeln und Kalium unterstützt den Blüten- und Fruchtansatz. Volldünger enthalten diese Nährstoffe in fast gleichen Anteilen und können dem Boden vor dem Pflanzen zugeführt oder danach in regelmäßigen Gaben verabreicht werden. In Rosendünger ist der Kaliumgehalt höher; er eignet sich deshalb auch für alle eingewachsenen Bäume und Sträucher, die wegen ihrer Blüten oder Früchte gezogen werden. Blut-, Huf- und Hornmehl sowie Seetang sind Biodünger. Langzeitdünger kommt in der Regel nur beim Pflanzen oder in Töpfen zum Einsatz.

Bei säureliebenden Gewächsen wird oft die Spreite zwischen den Adern gelb. Das deutet auf Mangan- oder Eisenmangel im Boden hin.

Wann und wie gedüngt wird Die meisten eingewachsenen Gehölze müssen nicht gedüngt werden. Ist es doch einmal erforderlich, sollte man es mit einem Blattdünger probieren. Topfpflanzen gibt man während der Wachstumsperiode einmal in der Woche einen Flüssigdünger. Kränklichen Exemplaren tut man mit einer Düngergabe im Frühjahr etwas Gutes. Ab dem Hochsommer sollte jedoch nicht mehr gedüngt werden, sonst entwickelt sich zu viel grüner Wuchs, der bis zum Winter nicht mehr ausreift und daher leicht dem Frost zum Opfer fällt. Dünger ist erhältlich als Granulat oder Flüssigkonzentrat, das mit dem Gießwasser gemischt wird. Tragen Sie beim Umgang mit den Chemikalien Handschuhe und halten Sie sich immer an die Anweisungen des Herstellers. Bei starken Regenfällen sollte man nicht düngen, denn die Nährstoffe werden dann nur weggewaschen.

Beachten Sie die Dosierungsangaben. Überdüngung schadet den Pflanzen, denn die Inhaltsstoffe sind in hoher Konzentration giftig.

Lösliches Düngergranulat liefert der Pflanze sofort die Nährstoffe, die sie braucht. Halten Sie sich an die Empfehlungen des Herstellers.

Schnellkur Wenn Bäume und Sträucher kränkeln, brauchen sie manchmal Erste Hilfe. Blassgrüne Blätter und schwacher, kümmernder Wuchs ist oft auf Stickstoffmangel zurückzuführen. Ihn behebt man mit einem stickstoffreichen Dünger wie Ammoniumsulfat. Auch Blutmehl enthält viel Stickstoff. Eine braune Verfärbung oder Flecken auf Blattspreite, -rand oder -spitze deutet oft auf zu wenig Kalium hin. In solchen Fällen greift man zu kalihaltigen Präparaten wie Tomatendünger oder Kaliumsulfat. Kümmerwuchs und blasses Laub wiederum können eine Folge von Phosphatmangel sein; verabreichen Sie Superphosphat. Bei säureliebenden Gewächsen wie Rhododendren und Kamelien beobachtet man oft ein Gelbwerden der Blätter zwischen den Adern. Die Ursache kann Mangan- oder Eisenmangel sein, besonders auf alkalischen Böden, die die Aufnahme durch die Pflanze verhindern. Dagegen hilft ein Eisendünger.

Pflege im Winter

Der Winter ist die ruhigste Zeit im Gartenjahr – und bietet Gelegenheit, sich die Gehölze näher anzusehen. Nicht winterharte Exemplare müssen nach drinnen gebracht oder geschützt werden.

Pflege Weil sommergrüne Bäume und Sträucher im Winter kein Laub mehr tragen, kann man sie gut auf abgestorbenes, überkreuztes, verletztes oder krankes Holz durchsehen, was noch vor dem Frühjahr herausgenommen werden sollte. Schwierigere Arbeiten überlässt man am besten einem Baumpfleger. Halten Sie am Ansatz der Hauptstämme nach Schädlingsspuren Ausschau. Prüfen Sie, ob Pfosten fest stehen, und lockern Sie Baumbinder ggf. Falls kleinere Sträucher unter einer Blätterschicht begraben sind, befreit man sie von der modernden Decke, da sie sonst selbst zu faulen beginnen. Sammeln sich größere Mengen Laub an, lohnt sich eventuell das Aufstellen eines Komposthaufens. Steht Verjüngen, Entfernen, Neupflanzen von Gehölzen an?

Bei uns kann man Baumfarne nur in einem geschützten Innenhof im Winter draußen lassen. Ihr Laub stirbt zwar ab, treibt aber neu aus.

Winterschutz Eigentlich sollte man in seinem Garten nur Gewächse kultivieren, die für das Klima und die Bedingungen geeignet sind. Gleichwohl gibt es viele nicht ganz winterharte Pflanzenschönheiten, auf die man nur ungern verzichten möchte. Einige davon sind unten aufgelistet. Vor Wintereinbruch bringt man sie in ein Gewächshaus, einen Wintergarten oder einen kühlen, hellen Raum im Haus. Was nicht in Töpfen wächst, muss mit Vlies, Sackleinen, Stroh, Laub oder Luftpolsterfolie vor der Kälte geschützt werden. Manche Pflanzen überstehen den Winter im Freiland auf keinen Fall. Andere vertragen zwar Kälte, doch sind ihre Frühjahrsblüten und jungen Triebe anfällig für Spätfröste. Dazu gehören Pfirsich und Aprikose. Sie müssen in kalten Frühlingsnächten abgedeckt werden.

- *Abelia floribunda*
- *Abutilon* 'Kentish Belle'
- *Acacia dealbata*
- *Agave americana*
- *Araucaria heterophylla*
- *Bougainvillea*
- *Brugmansia*
- *Brunfelsia pauciflora*
- *Butia capitata*
- *Callistemon citrinus*
- *Carpenteria californica*
- *Cyathea dealbata*
- *Dicksonia antarctica*
- *Fremontodendron*
- *Hibiscus rosa-sinensis*
- *Melianthus major*
- *Musa basjoo*
- *Myrtus communis*
- *Olea europaea*
- Pfirsich und Aprikose
- *Pittosporum tenuifolium*
- *Plumbago auriculata*
- *Plumeria rubra*
- *Ricinus communis*
- *Senecio cineraria*
- *Tibouchina urvilleana*

Überwintern empfindlicher Pflanzen

1 Stecken Sie vor dem ersten Frost vier Stäbe um die Pflanze herum in den Boden und befestigen Sie Maschendraht so daran, dass er einen Käfig bildet. Bananen (*Musa*) müssen, wie hier abgebildet, radikal gekürzt werden.

2 Füllen Sie den Drahtkäfig mit Stroh und drücken Sie es zwischen die Stämme auf die Pflanzenkrone. Auch dürre Farnblätter und getrocknetes Laub können als Isoliermaterial verwendet werden.

Empfindliche Obstbäume

3 Spannen Sie eine Luftpolsterfolie über das Stroh und binden Sie sie an den Stäben fest. So bleibt das Gewächs trocken und fault nicht. An warmen Tagen kann man die Folie abnehmen, damit die Pflanze nicht schwitzt.

An Mauern gezogene, nicht völlig winterharte Obstbäume wie Pfirsich, Nektarine und Aprikose schützt man mit einem Gärtnervlies, das bei Frost über die Pflanzen gerollt wird. Wenn sich die Luft morgens erwärmt, kann man das Vlies wieder hochrollen.

Umsetzen eines Gehölzes

Manchmal muss man einen Baum oder Strauch umsiedeln, weil er zu groß geworden ist oder Sie ihn beim Umziehen mitnehmen wollen. Wenn möglich, warten Sie mit dem Umpflanzen aber bis zum Winter.

1 Räumen Sie den Boden um die Pflanze frei, um gut zu ihr zu gelangen und graben zu können. Ideal ist ein trockener, milder Wintertag, wenn der Boden bearbeitet werden kann und weder staunass noch steinhart gefroren ist.

2 Bereiten Sie den neuen Standort vor, um das Gehölz möglichst schnell wieder einpflanzen zu können. Jäten Sie die Stelle und graben Sie ein ausreichend großes, rundes Loch, in dem das Gehölz Platz hat (*siehe auch Seite 39*).

3 Stechen Sie mit dem Spaten rund um die Pflanze. Versuchen Sie so viele Wurzeln wie möglich umzusiedeln. Als Faustregel gilt: Der Wurzelballen sollte so breit sein wie das Laubdach des Baums oder Strauchs.

4 Nehmen Sie die Pflanze als Ganzes heraus und wickeln Sie den Wurzelballen ein, idealerweise in nasses Sackleinen, ein Gartensack oder eine alte Decke reichen aber auch. Die Wurzeln müssen vor dem Austrocknen geschützt werden.

5 Stellen Sie die Pflanze in das neue Loch. Mit einem über die Grube gelegten Stab prüft man die Pflanzhöhe. Der Baum muss so tief stehen wie zuvor. Gegebenenfalls füllt man in das Loch noch etwas Erde.

6 Wässern Sie das Gehölz nach dem Einpflanzen und im nächsten Frühjahr und Sommer besonders gut. Eine Mulchschicht hilft Feuchtigkeit speichern. Sterben Zweige nach dem Umpflanzen ab, schneidet man sie auf gesundes Holz zurück.

Schädlingsbekämpfung

Die Bekämpfung von Schädlingen ist ein heikles Thema. Manche setzen die chemische Keule ein, während andere nichts gegen Tiere im Garten haben, weil sie die Biodiversität erhöhen und für ein natürliches Gleichgewicht sorgen.

Abschreckung Ganz gleich, welchem Lager Sie angehören: Vorbeugen ist immer besser als Heilen. Es gibt viele Möglichkeiten, den Schmarotzern zu Leibe zu rücken. Prüfen Sie Pflanzen beim Kauf sorgfältig, damit mit ihnen keine Schädlinge in den Garten eingeschleppt werden. Pflegen Sie Ihre Lieblinge, damit sie kräftig und gesund bleiben und gegen Angriffe gefeit sind. Suchen Sie Ihr Grün regelmäßig nach Befallsspuren wie Löchern in den Blättern ab, um einzugreifen, bevor es zu spät ist. Bisweilen kann man die Plagegeister einzeln mit der Hand einsammeln, statt gleich zum Spritzmittel zu greifen, denn manche Pestizide machen auch Nützlingen wie Bienen und Marienkäfern bzw. ihren Larven den Garaus.

Hindernisse Oft richten Hasen im Garten Schäden an, doch gibt es noch mehrere andere Wildtiere, die die Rinde oder junge Triebe von Gehölzen anknabbern und nach Wurzeln graben. Schützen Sie die Pflanzen mit Kunststoff- oder Drahthosen um den Stamm. Mit einem Drahtzaun um den ganzen Garten hält man größere Tiere fern.

Gegenangriff Die Larven von Marienkäfern, Schwebfliegen und Florfliegen sind Ihre Verbündeten, denn sie ernähren sich von Schädlingen wie Blattläusen. Nematoden gegen den Dickmaulrüssler kann man über den Fachhandel bestellen.

Wachsamkeit Halten Sie regelmäßig Ausschau nach Schädlingen, damit sie bekämpft werden können, bevor sie überhandnehmen. Suchen Sie nicht nur nach den Tieren selbst, sondern auch nach kranken Pflanzen, Fraßschäden und verkrüppelten Triebspitzen.

Chemikalien Pestizide sollten nur als letztes Mittel zum Einsatz kommen, wenn eine Pflanze ernsthaft gefährdet ist. Beachten Sie dabei immer die Anweisungen des Herstellers und tragen Sie beim Mischen sowie der Anwendung Gummihandschuhe.

Häufige Schädlinge und Gegenmaßnahmen

Buchenblattlaus An Blättern und Triebspitzen erscheinen im Frühsommer wollig-weiße Ablagerungen. Das Laub wird klebrig und von Schwärzepilzen besiedelt. Mit einem Imidacloprid-Präparat spritzen.

Gefurchter Dickmaulrüssler Adulte Tiere fressen Kerben in die Blattränder. Den größten Schaden aber verursachen die Larven an den Wurzeln. Mit Nematoden, in Gefäßen auch mit Thiacloprid bekämpfen.

Sägewespe Die meisten Sägewespenlarven verursachen Fraßschäden. Die Larven der Rosenblattrollwespe verstecken sich dabei in eingerollten Blättern. Abzupfen oder mit pyrethrinhaltigen Mitteln bekämpfen.

Schildläuse Sie erscheinen an Trieben und Blattunterseiten. Die Läuse verursachen Kümmerwuchs. Manche Arten sondern eine klebrige Flüssigkeit ab, den Honigtau, auf dem sich Schwärzepilze ansiedeln. Mit Imidacloprid oder Pflanzenöl-Präparaten bekämpfen.

Blattwanzen Die saugenden Schädlinge ernähren sich von Triebspitzen und Knospen. An Blättern in der Nähe von Triebspitzen entstehen viele kleine Löcher. Auf Äpfeln entwickelt sich Schorf. Bei den ersten Befallszeichen Behandlung mit Pyrethrin-Präparaten.

Wild Hirsche und Rehe fressen Borke und Triebe an und zertrampeln Jungpflanzen. Abwehrsprays und andere Abschreckungsmaßnahmen sind nur begrenzt wirksam. Fernhalten kann man die Tiere mit mindestens 1,8 m hohen Zäunen und Baumhosen.

Schädlingsbekämpfung *Fortsetzung*

Häufige Schädlinge und Gegenmaßnahmen

Schneeball-Blattkäfer Befällt vor allem *Viburnum opulus* und *V. tinus*. V.a. Larven fressen Löcher in das Laub. Bei Befallsbeginn im Frühjahr befressene Partien herausschneiden, Imidacloprid- oder Pyrethrin-Präparate.

Andromeda-Netzwanze Das Sauginsekt verursacht gelbe und rotbraune Flecken auf den Blättern. Man bekämpft frisch geschlüpfte Nymphen im späten Frühjahr mit Imidacloprid-Präparaten.

Rosmarin-Käfer Adulte Käfer und Larven fressen Blätter und Blüten von Lavendel, Rosmarin, Thymian und Salbei an. Sie sehen wie Marienkäfer aus Metall aus und können abgesammelt werden.

Lorbeerblattfloh Die Blattränder von Lorbeer rollen sich ein, sind verdickt und werden gelb, dann braun. Befallene Blätter und Triebe werden entfernt. Die kleinen Insekten sind grünlich braun und geflügelt.

Buchsbaumblattfloh Neue Triebe wachsen gestaucht, die Blätter rollen sich ein und sind mit weißen Wachsflecken bedeckt. Im Frühjahr sieht man hellgrüne, flügellose Nymphen. Eine Bekämpfung ist nicht nötig.

Ilexminierfliege Auf den Blättern von Stechpalmen bilden sich gelbe oder braune Flecken. Sie sehen zwar nicht besonders schön aus, doch schaden sie der Pflanze kaum. Gegenmaßnahmen sind unnötig.

Rosskastanien-Miniermotte Ein neuer Schädling, der weißlich braune Fraßgänge zwischen den Blattadern verursacht. Die Folge sind vorzeitiger Laubfall und langsamer Wuchs. Befallene Blätter müssen verbrannt werden.

Rhododendronzikade Die Knospen werden braun und öffnen sich nicht. Verursacher ist eine Zikade, die ihre Eier in die Knospen legt. Befallenes Material muss vernichtet werden. Im Spätsommer mit Imidacloprid spritzen.

Kleiner Frostspanner Die Raupen fressen an jungem Wuchs und an Blüten. Ein Leimring, der ab Herbst bis nach Blattaustrieb um den Stamm gewickelt ist, hindert die flügellosen Weibchen am Hochklettern.

Fichtenläuse Kleine blattlausähnliche Sauginsekten ernähren sich an den Nadeln, Trieben oder der Borke einiger Koniferen. An älteren Bäumen hält sich der Schaden in Grenzen. Man lässt die Tiere gewähren oder schüttelt sie ab.

Gallmilben Ein Befall äußert sich in Pusteln, eingerollten Batträndern, vergrößerten Knospen und behaartem Laub. Der Schaden ist gering und kein wirksames Mittel vorhanden, er wird daher toleriert.

Gallwespen Die meisten Gallwespen befallen Eichen. Sie verursachen Wucherungen an Blättern, Knospen, Kätzchen, Eicheln und Wurzeln. Eine Bekämpfung ist unnötig, da die Pflanze kaum geschädigt wird.

Krankheiten und Störungen

Wenn Bakterien, Pilze oder Viren eine Pflanze befallen, erkrankt sie und kann sogar absterben. Nach dem Pflanzen sind Bäume und Sträucher am anfälligsten. Einmal eingewachsen, stecken sie wesentlich mehr weg.

Vorbeugung Selbst Pflanzen der erfahrensten Gärtner fallen mitunter Krankheiten zum Opfer. Mit ein bisschen gärtnerischem Know-how aber können Sie die Überlebensrate Ihrer Lieblinge erhöhen. Lassen Sie beim Kauf die Finger von Gewächsen, die krank, gestresst oder schwach aussehen. Greifen Sie stattdessen zu krankheitsresistenten Sorten. Neupflanzungen sollten anfangs gut gewässert werden. Behalten Sie Ihr Gehölz gut im Auge und entfernen oder behandeln Sie infizierte Teile, bevor die Krankheit sich ausbreitet. Ein harter Rückschnitt ist mitunter die beste Medizin, denn damit merzt man den Erreger aus, fördert kräftigen Neuaustrieb und verbessert die Luftzirkulation. Ein Schnitt zur falschen Jahreszeit begünstigt allerdings Infektionen.

Start ins Leben Wählen Sie Gewächse, die für die vorherrschenden Bedingungen geeignet sind, und nehmen Sie sich Zeit zum Pflanzen. Das Krankheitsrisiko wird beträchtlich verringert, wenn die Pflanze in einer für sie geeigneten Umgebung wächst und in der richtigen Tiefe gesetzt wird. Auch Lichtverhältnisse und Bodentyp sollten zur Art passen.

Chemikalien Viele Bäume und Sträucher sind so groß, dass eine Behandlung mit chemischen Pflanzenschutzmitteln schlichtweg unmöglich ist. Bei jungen Pflanzen oder wertvollen Arten, die leiden und zugrunde gehen würden, ist die chemische Keule aber durchaus sinnvoll. Halten Sie sich immer an die Vorgaben auf der Verpackung und tragen Sie die empfohlene Schutzkleidung.

Krankheit oder Störung? Im Gegensatz zu Krankheiten entstehen Störungen durch ungünstige Wuchsbedingungen. Dadurch können sich Blätter verfärben und Triebe schief wachsen oder welken. Zu viel Sonne oder Schatten, unregelmäßiges Wässern, unpassende Bodentypen, Schäden durch Unkrautvernichtungsmittel und Frost sind oft die Ursache. Dagegen hilft nur eines: Sorgen Sie für bessere Bedingungen.

Häufige Krankheiten und Gegenmaßnahmen

Echter Mehltau Weiße pulverige Flecken bilden sich auf den Blättern, vor allem bei Trockenheit. Bei den ersten Anzeichen von Mehltau gründlich wässern, infizierte Triebe entfernen, ggf. mit einem Fungizid spritzen.

Baumkrebs Äste und Stamm entwickeln Vertiefungen, Risse und dunkle Stellen. Die Pflanze kann eingehen. Dagegen gibt es kein Mittel, vor allem, wenn der Stamm befallen ist. Befallene Triebe kann man entfernen.

Rotpustelkrankheit Orangefarbene Flecken bilden sich auf vertrocknendem Holz. Ursache ist oft falscher Schnitt, der zum Absterben von Gewebe führt. Das kranke Holz muss entfernt und verbrannt werden.

Hallimasch Weißes Pilzgeflecht unter der Rinde in der Nähe des Stammansatzes, sichtbare Pilze im Herbst und schwarze unterirdische Pilzfäden deuten auf Hallimasch hin. Infizierte Pflanzen müssen einschließlich der Wurzeln sofort vernichtet werden.

Sternrußtau Im Sommer erscheinen auf Rosenblättern schwarze Flecken, besonders unter feuchtwarmen Bedingungen. Krankes Laub wird abgezupft, schwerer Befall mit einem Fungizid behandelt. Kaufen Sie resistente Sorten.

Rost Man sieht ihn auf vielen Bäumen und Sträuchern, vor allem unter feuchtwarmen Bedingungen. Typisch sind die orangebraunen Flecken auf den Blättern. Man geht gegen Rost mit einem Fungizid vor oder entfernt infizierte Pflanzenteile.

Die Pflanzen im Porträt

Hier finden Sie eine Vielzahl der verlässlichsten, schönsten und beliebtesten Gartengehölze. Unterschieden wird zwischen Bäumen, großen Sträuchern, mittelgroßen und kleinen Sträuchern sowie Obstgehölzen. Allerdings variiert die endgültige Höhe je nach Lage und Bodenverhältnissen. Die Symbole geben Auskunft über die bevorzugten Wuchsbedingungen.

Erklärung der Symbole

☙   Besonders empfehlenswert, ausgezeichnet mit dem »Award of Garden Merit« der Royal Horticultural Society

Bevorzugter Boden

◖   Durchlässiger Boden

◖   Feuchter Boden

◌   Nasser Boden

Bevorzugte Lichtverhältnisse

☀   Volle Sonne

◐   Halb- oder Streuschatten

○   Schatten

Winterhärte

✳✳✳   Völlig winterhart

✳✳   Kann in milden Regionen oder an geschützten Standorten im Freien überwintern

✳   Frostempfindlich – verträgt keine Minustemperaturen

Bäume

Acer capillipes
Der Rote Schlangenhaut-Ahorn zieht unweigerlich die Blicke auf sich. Seine prächtig grün-grau gestreifte Borke sowie der übergebogene, ausladende Wuchs machen ihn zu einer ganzjährig schön anzusehenden Baumpersönlichkeit. Die dreilappigen Blätter färben sich im Herbst orange und rot.

H: 9 m; **B**: 5 m ❀❀❀ ◊ ☼ ☀ ♈

Acer davidii
Der wegen seiner grün-weiß gestreiften Rinde auch Schlangenhaut-Ahorn genannte Davids Ahorn kann als ein- oder mehrstämmiges Exemplar gezogen werden. Beliebte Sorten sind 'George Forrest', 'Ernest Wilson' und 'Serpentine'.

H: 15 m; **B**: 15 m ❀❀❀ ◊ ☼ ☀

Acer griseum
Der spektakuläre Zimt-Ahorn beeindruckt durch eine dünne, abblätternde Borke, die eine zimtrote Schicht darunter freigibt. Im Herbst färben sich die Blätter leuchtend scharlachrot. Um den Baum in seiner ganzen Pracht zu genießen, entfernt man am besten die unteren Äste.

H: 8 m; **B**: 6 m ❀❀❀ ◊ ☼ ☀ ♈

Acer japonicum 'Aconitifolium'
Einen zentralen Standort in jedem Garten verdient diese ausladende bis buschige Sorte des Japanischen Ahorns wegen ihres grünen, tief geschlitzten und gezähnten, im Herbst rubinroten Laubs. Aus kleinen roten Frühjahrsblüten entwickeln sich rot getönte Flügelfrüchte.

H: 4 m; **B**: 4 m ❀❀❀ ◊ ☼ ☀ ♈

Acer palmatum var. dissectum
Dissectum-Atropurpureum-Gruppe
Wegen seines zwergigen, strauchigen Wuchses ist dieser Fächerahorn vorzüglich für kleine, windgeschützte Gärten geeignet. Wenn man ihn gut wässert, gedeiht er auch in großen Kübeln. Weiteres Plus: das zarte, feingliedrige Laub.

H: 2 m; **B**: 2 m ❀❀❀ ◊ ☀

Acer palmatum 'Sango-kaku'
Ein beliebter Baum mit elegantem, aufrechtem Wuchs. Auffällig ist besonders die orangerote Tönung der Äste und des Stamms, die vor allem im Winter gut zu sehen ist. Im Herbst färbt sich das tief geschlitzte Laub goldgelb. Die Sorte wird gelegentlich auch 'Senkaki' genannt.

H: 6 m; **B**: 5 m ❀❀❀ ◊ ☼ ☀ ♈

Betula nigra

Eine dekorative Borke, die mit zuneh-mendem Alter immer schöner wird, ist das besondere Merkmal der mittel-großen Schwarz-Birke. Im Frühjahr hängen ansehnliche gelbbraune Kätz-chen von den Zweigen, während die rautenförmigen Blätter das Gehölz im Herbst in ein buttergelbes Kleid hüllen.

H: 18 m; **B**: 12 m ❄❄❄ ◊ ☼

Betula utilis var. *jacquemontii*

Die glatte, abblätternde Borke der Weißen Himalaja-Birke ist ein echter Hingucker – ganz gleich, ob der Baum als Solitär oder in Gruppen gepflanzt wird. Das Laub färbt sich im Herbst goldgelb. Eine besonders empfehlens-werte Sorte ist 'Silver Shadow' mit strahlend weißer Rinde.

H: 18 m; **B**: 10 m ❄❄❄ ◊ ☼ ☽ ♈

Cercis canadensis **'Forest Pansy'**

Der mehrstämmige Baum trägt attrak-tive purpurrote, herzförmige Blätter, die sich samtig anfühlen. Seine rosa Schmetterlingsblüten erscheinen vor dem Laubaustrieb im Frühjahr. Der Kanadische Judasbaum beeindruckt als Solitär, macht sich aber auch gut als Hintergrund einer Rabatte.

H: 6 m; **B**: 6 m ❄❄❄ ◊ ☼ ☽ ♈

Cercis siliquastrum

Der sommergrüne Judasbaum wächst buschig und trägt im Frühjahr rosa Schmetterlingsblüten direkt an den Ästen, aus denen sich purpurrot getönte Schoten entwickeln. Der Baum ist zwar winterhart, stammt aber aus dem Mittelmeerraum und sollte nicht an sehr kalten Standorten stehen.

H: 6 m; **B**: 6 m ❄❄❄ ◊ ☼ ☽ ♈

Chamaecyparis obtusa **'Nana Gracilis'**

Die langsam wachsende, dichte, zwer-gige Hinoki-Scheinzypresse entwickelt eine pyramidenförmige Silhouette. Sie trägt glänzend grüne, aromatisch duf-tende Laubfächer und kleine braune Zapfen. Für Klein- und Steingärten oder kleine Gefäße ist sie ideal.

H: 2 m; **B**: 2 m ❄❄❄ ◊ ☼

Cordyline australis

Mit ihren palmenartigen Blättern ist die Keulenlilie ein ideales Element für subtropische Themengärten. In kühlen Gegenden zieht man sie im Gefäß und bringt sie im Winter nach drinnen. Beliebt sind panaschierte Formen wie 'Sundance' und 'Torbay Dazzler'.

H: 3 m; **B**: 1 m ❄ ◊ ☼ ♈

Bäume

Cornus kousa 'Satomi'

Der Japanische Blumen-Hartriegel hat in jeder Jahreszeit etwas zu bieten: Im Herbst leuchten seine Blätter feurig rot und orange, im späten Frühjahr erscheinen große, tiefrosa, sternförmige Hochblätter und im Spätsommer erdbeerartige Früchte, die bis in den Winter hinein haften bleiben.

H: 7 m; **B**: 5 m ❀❀❀ ◊ ☼ ☀ ♈

Cornus mas

Am eindrucksvollsten präsentiert sich die Kornelkirsche im Vorfrühling, wenn Büschel gelber Blüten die nackten Zweige bedecken. Im Herbst erstrahlt das Laub in purpurroter Pracht und zwischen den Blättern blitzen kirschengroße ovale Steinfrüchte hervor.

H: 7 m; **B**: 7 m ❀❀❀ ◊ ☼ ☀

Corylus avellana 'Contorta'

Die Korkenzieher-Hasel ist ein langsam wachsender, sommergrüner Strauch. Seinen großen Auftritt hat er im Winter, wenn die bizarr gedrehten Zweige deutlich zu sehen sind. An ihnen erscheinen im Spätwinter gelbe Kätzchen. Die Zweige sind auch ein hübscher Zimmerschmuck.

H: 4 m; **B**: 4 m ❀❀❀ ◊ ☼ ☀

Corylus maxima 'Purpurea'

Die Purpurhasel zeigt attraktives Laub und interessante purpurrote Kätzchen an kahlen Zweigen im Spätwinter. Radikaler Rückschnitt im Winter wird gut vertragen – dadurch wird das Wachstum von Jungtrieben mit größeren und intensiver rot gefärbten Blättern gefördert.

H: 6 m; **B**: 5 m ❀❀❀ ◊ ☼ ☀ ♈

Crataegus laevigata 'Paul's Scarlet'

Der Zweigrifflige Weißdorn gehört zu den beliebtesten Arten seiner Gattung. Der kleine, rundliche, sommergrüne Baum wird wegen seiner gefüllten rosa Frühlingsblüten gezogen. Einziger Nachteil: seine spitzen Dornen.

H: bis 7 m; **B**: bis 5 m ❀❀❀ ◊ ☼ ☀ ♈

Dicksonia antarctica

Diese auffallende Art des Baumfarns ist bei uns immer häufiger zu sehen. Die Wedel rollen sich im Frühjahr vom oberen Ende des stammartigen Wurzelgeflechts aus. Der Farn wird bei uns am besten im Kübel kultiviert und im Haus überwintert.

H: 3 m und mehr; **B**: 4 m ❀/❀❀ ◊ ◗ ☼ ☀ ♈

Gleditsia triacanthos 'Sunburst'

Die Amerikanische Gleditschie ist ein schnell wachsender, schöner sommergrüner Baum, der gut mit schadstoffbelasteter Luft und Trockenheit zurechtkommt. Diese Form wird wegen ihrer zarten, fein geteilten, anfangs goldgelben Blätter kultiviert. Auffallend sind auch die langen Samenstände.

H: 12 m; **B**: 7 m ❄❄❄ ◐ ☼ ♈

Laburnum x watereri 'Vossii'

Mit seinen bis zu 60 cm langen, hängenden Blütentrauben ist dieser ausladende, sommergrüne Baum der Star jedes Gartens. Er verträgt karge und flachgründige Böden. Vorsicht: Alle Pflanzenteile, besonders die bohnenähnlichen Früchte, sind sehr giftig!

H: 7 m; **B**: 4 m ❄❄❄ ◐ ☼ ♈

Laurus nobilis

Der Lorbeerbaum kann in geometrischen Gärten durch regelmäßigen Schnitt zu verschiedenen Formen oder als Hochstamm gestaltet werden – bei uns eher als Kübelpflanze. Seine aromatischen immergrünen Blätter werden als Gewürz geschätzt, Blüten und Beeren sind unscheinbar.

H: 12 m; **B**: 10 m ❄❄/❄ ◐ ◐ ☼ ☀ ♈

Ligustrum lucidum

Duftende weiße Blüten schmücken den Glänzenden Liguster im Spätsommer. Sie werden abgelöst von schwarzblauen Herbstbeeren. Mit seinen großen, glänzenden immergrünen Blättern eignet sich dieser Baum vorzüglich als dichte Heckenpflanze. Er verträgt karge Böden und belastete Luft.

H: 10 m; **B**: 10 m ❄❄ ◐ ◐ ☼ ☀ ♈

Magnolia liliiflora 'Nigra'

Die Purpurmagnolie ist ein echtes Schmuckstück für Kleingärten. Der kompakte, sommergrüne Baum öffnet im Spätfrühling große, becherförmige, purpurrote Blüten. Er bevorzugt neutralen bis sauren Boden. Im Gegensatz zu anderen Magnolien blüht er bereits als Jungpflanze.

H: 3 m; **B**: 2,5 m ❄❄❄ ◐ ◐ ☼ ☀ ♈

Magnolia stellata

Zu den beliebtesten und kleinsten frühjahrsblühenden Vertretern ihrer Gattung gehört zweifellos die Sternmagnolie. Ihre sternförmigen Blüten erscheinen vor dem Laubaustrieb und sind anfällig für Spätfröste – vor allem, wenn sie Morgensonne abbekommen.

H: 3 m; **B**: 4 m ❄❄❄ ◐ ◐ ☼ ☀ ♈

Bäume

Malus 'John Downie'
Die sommergrüne Zierapfelsorte mit auffälligen weißen Frühjahrsblüten eignet sich bestens als Bestäuber anderer Apfelbäume im Garten. Die leuchtend orangefarbenen und roten Früchte erscheinen im Herbst und liefern ein vorzügliches Gelee. Ein Baum, der auch von Tieren gern besucht wird.

H: 8 m; **B**: 5 m ❄❄❄ ◌ ◔ ☀ ☼ ♈ ⚘

Malus x zumi 'Golden Hornet'
Gartenfreunde und Tiere schätzen diesen Baum mit hübschen gelben Äpfeln im Herbst gleichermaßen. Wegen der Fülle weißer, rot überlaufener Blüten im Frühjahr leistet das Gehölz auch gute Dienste als Bestäuber benachbarter Apfelbäume.

H: 6 m; **B**: 5 m ❄❄❄ ◌ ◔ ☀ ☼ ♈ ⚘

Nyssa sinensis
Das Laub dieses Tupelobaums gefällt im Herbst durch seine breite Farbpalette, die von weichem Gelb bis hin zu feurigen Orange- und Rottönen reicht. Das Gehölz zieht sauren Boden vor. Seine graugrüne Borke beginnt mit der Zeit dekorativ abzublättern. *N. sylvatica* ist ebenfalls beliebt, wird aber größer.

H: 10 m; **B**: 10 m ❄❄❄ ◌ ☀ ☼ ♈ ⚘

Olea europaea
Der Oliven- oder Ölbaum sticht durch dekoratives silbriges Laub und kleine weiße Sommerblüten ins Auge. Bei uns muss er im Kübel gezogen und unter Glas überwintert werden. Im Frühjahr wird er zurückgeschnitten. Ausgesprochen dekorativ ist auch der knorrige Stamm älterer Exemplare.

H: bis 10 m; **B**: bis 10 m ❄/❄❄ ◌ ☀

Picea glauca 'Conica'
Diese Form der Kanadischen Fichte bietet sich mit ihrem dichten, kegeligen Wuchs für Steingärten förmlich an. Sie bevorzugt leicht sauren Boden. Im Frühjahr leuchten ihre jungen Nadeln in frischem Hellgrün. Die im Sommer grünen Zapfen werden später braun.

H: 3 m; **B**: 1–2 m ❄❄❄ ◌ ☀

Pinus mugo 'Mops'
Die sehr zwergige Berg-Kiefer mit rundlicher Form kommt bevorzugt in Ministeingärten oder kleinen Töpfen auf Terrassen und Balkonen zum Einsatz. Dank ihres runden Wuchses macht sie sich auch gut in kleinen Gruppen. Sie wächst sehr langsam.

H: bis 1,5 m; **B**: bis 1,5 m ❄❄❄ ◌ ☀ ♈ ⚘

Prunus dulcis

Mandelbäume werden vor allem wegen ihres üppigen Flors kultiviert. Ihre blassrosa Blüten öffnen sich im Frühjahr. Sichere Blüte und Ertrag von Mandeln nur an warmen Standorten. 'Alba' trägt weiße Blüten, während 'Macrocarpa' mit größeren Blüten und Mandeln aufwartet.

H: 6 m; **B**: 6 m ❄❄/❄❄❄ ◊ ◗ ☼

Prunus rufa

Ein glänzender, tiefroter Stamm mit bräunlichen Querstreifen und eine abschälende Borke sind das große Plus dieser Zierkirsche. Sie ist als Blickfang im winterlichen Garten eine gute Alternative zur größeren Verwandten *P. serrula*. Die Frühjahrsblüten öffnen sich blassrosa.

H: 6 m; **B**: 6 m ❄❄❄ ◊ ◗ ☼

Prunus serrula

Die Tibetische Kirsche wird eher wegen ihrer faszinierenden Borke als wegen ihrer Blüten gezogen. Sie hat eine auffallend rotbraune Farbe, glänzt ungewöhnlich stark und schält sich in hellen horizontalen Streifen ab. Auf die weißen Blüten folgen kleine rote Kirschen an langen Stielen.

H: 8 m; **B**: 8 m ❄❄❄ ◊ ◗ ☼ ♈

Prunus 'Shôgetsu'

Die Sorte gilt als eine der besten japanischen Zierkirschen. Aus ihren ansehnlichen rosa Knospen öffnen sich Büschel großer, weißer Blüten mit zahlreichen Kronblättern. Man schneidet sie so wenig wie möglich und auch nur im Frühjahr oder Sommer, um das Infektionsrisiko gering zu halten.

H: 5 m; **B**: 8 m ❄❄❄ ◊ ◗ ☼ ♈

Pyrus salicifolia 'Pendula'

Eleganten, hängenden Wuchs und silbrig-graue, weidenartige Blätter präsentiert diese sehr dekorative Weidenbirne. Aus der Überfülle cremeweißer Frühjahrsblüten entwickeln sich im Spätsommer kleine, harte, bräunlich grüne, nicht essbare Birnenfrüchte.

H: 5 m; **B**: 4 m ❄❄❄ ◊ ☼ ♈

Robinia pseudoacacia 'Frisia'

Mit ihrem goldgelben Laub setzt die Robinie einen unübersehbaren Farbakzent in Gärten. Sie kann recht groß werden, doch durch regelmäßigen Schnitt lässt sie sich auch zu einem kleineren, mehrstämmigen Baum heranziehen. Ende Mai öffnen sich mitunter weiße Blütenbüschel.

H: bis 12 m; **B**: 8 m ❄❄❄ ◊ ◗ ☼ ♈

Bäume

Salix matsudana 'Tortuosa'

Die verdrehten Äste der Korkenzieher-Weide kommen im Winter gut zur Geltung. Durch harten Rückschnitt im Spätwinter fördert man den bizarren Wuchs und hält den Baum klein. Dekorativ sind auch die hübschen gelben Kätzchen, die gewundenen Blätter und die rötlichen neuen Triebe.

H: bis 12 m; **B**: bis 6 m ❋❋❋ ◊ ☼ ♈

Salix caprea 'Kilmarnock'

Diese grazile, überhängende Salweidensorte passt in die meisten kleinen Gärten. Sie wird wegen ihrer vielen silbrigen Kätzchen kultiviert, mit denen der Baum im Frühjahr vor dem Laubaustrieb übersät ist. Dünnen Sie die Zweige im Winter etwas aus, damit die elegante Form erhalten bleibt.

H: 1,5–2 m; **B**: 2 m ❋❋❋ ◊ ◊ ☼

Sambucus nigra 'Eva'

Feingliedriges, violettes, im Herbst leuchtend rotes Laub machen diesen Schwarzen Holunder zu einem beliebten Gartengehölz. Aus den unübersehbaren, rot getönten Blütenrispen im Frühjahr reifen schwarzviolette Beeren heran. Die Sorte ist auch als 'Black Lace' im Handel.

H: 4 m; **B**: 4 m ❋❋❋ ◊ ◊ ☼ ☼

Sorbus sargentiana

Die breit aufrechte, langsam wachsende Sargent-Eberesche schätzt man wegen ihres prächtigen orangefarbenen und roten Herbstkleids, für das die großen gefiederten Blätter und die roten Beeren verantwortlich sind. Im Frühsommer erscheinen weiße Blüten in breiten Schirmrispen.

H: 6 m; **B**: 8 m ❋❋❋ ◊ ◊ ☼ ☼ ♈

Sorbus vilmorinii

Hervorstechendstes Merkmal der Rosafrüchtigen Eberesche sind die zunächst dunkelroten, später rosaweißen Beeren. Die weißen Blüten öffnen sich ab Juni in Rispen. Der Baum bevorzugt neutralen bis sauren Boden. Ebenfalls beliebt: die Vogelbeere (*S. aucuparia*), die wie ihre Verwandte Tiere anlockt.

H: 5 m; **B**: 5 m ❋❋❋ ◊ ◊ ☼ ☼ ♈

Stewartia sinensis

Die kleine, sommergrüne Chinesische Scheinkamelie hat eine abblätternde Borke und eindrucksvoll tiefrotes Herbstlaub zu bieten. Ihre einfachen weißen Blüten verströmen einen zarten Duft. Sie zieht sauren Boden vor. *S. pseudocamelia* ist beliebter, wird aber etwas größer.

H: 6 m; **B**: 3 m ❋❋❋ ◊ ☼ ☼ ♈

Styrax obassia

Wie Glocken sehen die weißen Blüten des Obassia-Storaxbaums aus. Sie öffnen sich im Spätfrühling in duftenden Trauben. Die großen Blätter färben sich im Herbst gelb. Im Winter ist bei jungen Exemplaren die ablösende Borke gut zu sehen. Das Gehölz braucht sauren Boden und geschützten Standort.

H: 12 m; **B**: 7 m ❄❄❄ ◌ ◖ ☼ ☼ ♉

Syringa vulgaris 'Madame Lemoine'

Flieder wächst als kleiner Baum oder großer Strauch. Zum Frühjahrsende schmückt er sich mit eleganten, duftenden Blüten. Diese Sorte mit ihren Rispen aus cremegelben Knospen, aus denen sich große reinweiße gefüllte Blüten öffnen, ist seit Langem beliebt.

H: 6 m; **B**: 5 m ❄❄❄ ◌ ◖ ☼ ♉

Taxus baccata 'Fastigiata'

Eiben gehören zu den mythenbehaftetsten immergrünen Bäumen und sind seit Jahrhunderten als Gartengehölze beliebt. Die Säulen-Eibe wächst in der Jugend schmal und aufrecht, später wird sie breiter. Im Sommer reifen kleine rote Beeren aus. Sehr giftig!

H: 7 m; **B**: 3 m ❄❄❄ ◌ ◖ ☼ ☼ ♉

Thuja occidentalis 'Rheingold'

Einen Großteil des Jahres sind die Schuppenblätter der buschigen Zwergkonifere goldgelb. Der Jungaustrieb ist rosa getönt und bekommt im Winter einen bronzeroten Einschlag. Zudem riecht das Laub des Abendländischen Lebensbaums aromatisch. Gut in Kombination mit Heidekraut.

H: 1–2 m; **B**: 2 m ❄❄❄ ◌ ◖ ☼ ♉

Trachycarpus fortunei

Die Chinesische Hanfpalme ist eine der widerstandsfähigsten Palmen für gemäßigtes Klima. Sie braucht jedoch guten Winterschutz und verträgt keine starken Dauerfröste. Die fächerförmigen Blätter werden bis zu 1 m groß und entspringen aus einem faserigen Stamm.

H: 10 m; **B**: 2,5 m ❄ ◌ ☼ ♉

Tsuga canadensis 'Jeddeloh'

Von der Kanadischen Hemlocktanne sind viele Formen in Umlauf, diese hier aber gehört zu den beliebtesten. Die Zwergkonifere mit gedrungenem Wuchs trägt lindgrüne Nadeln und eine interessante, grauviolette Borke. Sie bildet ein nützliches immergrünes Gartenelement für teilschattige Bereiche.

H: 1,5 m; **B**: 2 m ❄❄❄ ◌ ◖ ☼ ☼ ♉

Große Sträucher

Abutilon vitifolium
'Veronica Tennant'
Der halbimmergrüne Strauch treibt den ganzen Sommer über zahlreiche glockenförmige, lilarosa Blüten aus. Seine gelappten Blätter sind weich behaart. Man zieht ihn am besten im Kübel, um ihn im Winter unter Glas bringen zu können.

H: 5 m; **B**: 2,5 m ❁❁ ◊ ☼ ♈

Amelanchier lamarckii
Im Frühling zieht dieser herrliche Strauch mit seinen weißen, sternförmigen Blüten beim Laubaustrieb alle Aufmerksamkeit auf sich. Später reifen bläulich schwarze Beeren heran. Das frische Laub ist kupferrot, es färbt sich im Sommer tiefgrün und im Herbst scharlachrot.

H: 8 m; **B**: 6 m ❁❁❁ ◊ ◑ ☼ ◐ ♈

Buddleja alternifolia
Der Schmalblättrige Sommerflieder zeichnet sich durch einen übergebogenen, fast überhängenden Wuchs aus. Seine langen, schlanken Zweige tragen zahlreiche dunkellila Sommerblüten. Er blüht am alten Holz, daher kein starker Rückschnitt, nach der Blüte auslichten und in Form halten.

H: 4 m; **B**: 4 m ❁❁❁ ◊ ◑ ☼ ◐ ♈

Buddleja davidii 'Royal Red'
Diese Sorte wächst rasch, ist robust und öffnet im Spätsommer dunkel rotviolette Blüten. Sie eignet sich gut für schwierige Standorte und insbesondere Kreideböden. Schmetterlingssträucher locken nützliche Insekten an. Da er am neuen Holz blüht, jedes Jahr Ende März zurückschneiden.

H: 4 m; **B**: 4 m ❁❁❁ ◊ ◑ ☼ ◐ ♈

Buddleja globosa
Ein wüchsiger, aufrechter Schmetterlingsstrauch, der im Frühsommer kleine, orangegelbe Bällchen aus duftenden Blüten öffnet. Er trägt halbimmergrünes Laub und kommt mit Kreideböden zurecht: Man sollte ihn an einen sonnigen Standort pflanzen. Radikalen Rückschnitt verträgt er nicht.

H: 3 m; **B**: 3 m ❁❁ ◊ ☼ ◐ ♈

Camellia 'Cornish Snow'
Kamelien sind große, immergrüne Frühlingsblüher für sauren Boden an geschützten Standorten. 'Cornish Snow' öffnet zahlreiche kleine, becherförmige weiße Blüten und trägt ein glänzendes, dunkelgrünes Laub zur Schau, das nach dem Austrieb leicht bronzerot getönt ist.

H: 3 m; **B**: 1,5 m ❁❁ ◊ ◑ ◐ ♈

Ceanothus 'Cascade'

Ein wüchsiger, immergrüner Strauch mit übergebogenen Zweigen und glänzenden, dunkelgrünen Blättern. Er schmückt sich vom Frühjahr bis zum Frühsommer mit Unmengen blassblauer Blüten. Weil er nicht ganz winterhart ist, pflanzt man ihn an einen geschützten Platz.

H: 2 m; **B**: 2 m ❄❄ ◊ ◑ ☼

Chimonanthus praecox

Ein Winterschmuck aus cremegelben Blüten an nackten Trieben ist die Spezialität der Chinesischen Winterblüte. Der Flor erfüllt die kühle Luft mit betörendem Duft. Man zieht den sommergrünen Strauch möglichst an einer sonnigen Mauer. Die blühenden Zweige sind ein beliebter Vasenschmuck.

H: bis 4 m; **B**: bis 2,5 m ❄❄❄ ◊ ☼

Clerodendrum trichotomum var. *fargesii*

Kleine weiße bis rosa Knospen öffnen sich ab Ende Juli am sommergrünen Harlekin-Losbaum zu vanilleartig duftenden weißen Blüten. Aus ihnen entwickeln sich Büschel erbsengroßer hell-, dunkel- bis schwarzblauer Früchte auf roten Kelchen.

H: bis 4 m; **B**: bis 3 m ❄❄ ◊ ☼ 🏆

Cotinus coggygria 'Royal Purple'

Diese Form des Europäischen Perückenstrauchs steht wegen ihres violetten Laubs bei Gartenbesitzern hoch im Kurs. Die fedrigen Rispen aus blassrosa Blüten erscheinen im Sommer hoch über dem Laub. Im Herbst färben sich die Blätter orange und rot.

H: 3 m; **B**: 3 m ❄❄❄ ◊ ◑ ☼ ☼ 🏆

Elaeagnus pungens 'Maculata'

Die Dornige Ölweide sieht man oft in Küstennähe, da ihr salzige Winde nichts anhaben können. Das Laub des hübschen immergrünen Blattschmuckstrauchs ist in der Mitte goldgelb gezeichnet. Im Herbst erscheinen duftende, aber unscheinbare Blüten.

H: bis 3 m; **B**: 1,5 m ❄❄❄ ◊ ☼

Erica arborea var. *alpina*

Die Baumheide ist ein großer immergrüner Strauch mit aufrechtem Wuchs. Die Alpina-Form prunkt mit einer Fülle duftender weißer Frühjahrsblüten. Wie die meisten Heidekräuter gedeiht sie in leichten sandigen Böden oder Lehm am besten. Winterschutz ist erforderlich, radikaler Rückschnitt im Frühjahr.

H: 2 m; **B**: 85 cm ❄❄ ◊ ☼ 🏆

Große Sträucher

Garrya elliptica **'James Roof'**
Der auffällige immergrüne Strauch schmückt sich im Winter mit ungewöhnlich langen Kätzchen. Seine ledrigen Blätter sind graugrün. Weil er nicht völlig winterhart ist, tut ihm ein geschützter Standort an einer sonnigen Mauer gut.

H: 4 m; **B**: 4 m ❄❄ ◊ ☼ ☀ ♔

Hamamelis x intermedia **'Pallida'**
Die Sorte 'Pallida' gilt als Königin unter den Zaubernüssen – duftende, schwefelgelbe Blüten öffnen sich im Winter an den noch unbelaubten Zweigen. Ihre Blätter färben sich im Herbst blassgelb. Der Strauch wächst langsam. Nur zurückhaltend schneiden, um die charakteristische Form zu erhalten.

H: 4 m; **B**: 5 m ❄❄❄ ◊ ◐ ☼ ☀ ♔

Hippophae rhamnoides
Küstenregionen sind der Lebensraum des Sanddorns. Der sommergrüne Strauch bildet Büschel aus orangefarbenen Beeren und eignet sich mit seinen Dornen gut als Hecke. Nur weibliche Pflanzen tragen Beeren; für Fruchtertrag sollte man daher Exemplare beiderlei Geschlechts pflanzen.

H: 6 m; **B**: 3 m ❄❄❄ ◊ ◐ ☼ ♔

Hydrangea paniculata **'Praecox'**
Die aufrechten, sommergrünen Rispen-Hortensien recken im Spätsommer große, cremegelbe, kegelige Rispen in die Höhe. Sie werden besonders groß, wenn man die Triebe jährlich im zeitigen Frühjahr radikal zurückschneidet. 'Praecox' blüht ab dem Hochsommer.

H: 3 m; **B**: 2,5 m ❄❄❄ ◊ ◐ ☼ ☀

Ilex aquifolium **'Silver Queen'**
Kultiviert wird die Stechpalme wegen ihres bedornten Laubs mit hellem Rand. Der Strauch bringt im Winter einen gern gesehenen immergrünen Touch in den Garten. Nur weibliche Pflanzen tragen Früchte. Als Sichtschutz oder Hindernis gegen Eindringlinge sind Stechpalmen Gold wert.

H: 4 m; **B**: 2 m ❄❄❄ ◊ ☼ ☀ ♔

Jasminum nudiflorum
Die kräftig-gelben Blüten des sommergrünen Winter-Jasmins sind vor dem Laubaustrieb kostbare Farbtupfer im Garten. Wegen seiner elastischen, übergebogenen Triebe zieht man ihn bevorzugt an einer Mauer oder einem Rankgitter. Er hält sich nicht selbst fest und muss daher angebunden werden.

H: 3 m; **B**: 3 m ❄❄❄ ◊ ◐ ☼ ☀ ♔

Lonicera periclymenum 'Graham Thomas'

Das sommergrüne, windende Wald-Geißblatt erfüllt den ganzen Sommer über die Luft mit dem Duft seiner weißen, später gelben Röhrenblüten. Der Strauch braucht ein Gitter oder eine Pergola, um sich hochzuranken. Den Wurzelbereich schattig halten.

H: 5 m; **B**: 5 m ❄❄❄ ◊◊ ☼ ☼ ♈

Mahonia x media 'Charity'

Dieser kräftige, immergrüne Strauch wächst aufrecht und trägt stechpalmenartige, stachelige Blätter. Er öffnet vom Spätherbst bis zum zeitigen Frühjahr süß duftende, leuchtend gelbe Blütentrauben. Wird er zu groß, kann man ihn nach der Blüte radikal stutzen.

H: bis 3 m; **B**: bis 2,5 m
❄❄❄ ◊◊ ☼ ☼

Olearia macrodonta

Mit seinem blassgrünen, stechpalmenartigen Laub bietet sich dieses Gewächs als Blattschmuckstrauch und Heckenpflanze an. Im Frühsommer trägt es Unmengen weißer Blüten mit gelber Mitte. Es eignet sich für Küstengärten und geschützte Standorte, sonst ggf. im Kübel halten.

H:3,5 m; **B**: 3,5 m ❄❄ ◊◊ ☼ ♈

Osmanthus x burkwoodii

Der dichte, immergrüne Strauch wird wegen seiner dunklen Blätter und der Büschel aus sehr stark duftenden, winzigen, cremeweißen Blüten gezogen, die in der zweiten Frühjahrshälfte erscheinen. Meist setzt man ihn in Hecken oder als Sichtschutz ein. Der Rückschnitt erfolgt nach der Blüte.

H: 3 m; **B**: 3 m ❄❄ ◊◊ ☼ ☼ ♈

Philadelphus 'Virginal'

Diese Sorte des Sommerjasmins gehört zu den höchsten, wüchsigsten Vertretern ihrer Art. Man kultiviert sie wegen ihrer duftenden, gefüllten weißen Frühsommerblüten. Nach der Blüte wird ein Drittel des alten Wuchses bis zur Basis herausgenommen. Sie verträgt auch Kreideböden.

H: 3 m; **B**: 2,5 m ❄❄❄ ◊◊ ☼ ☼

Photinia x fraseri 'Red Robin'

Im Frühjahr entwickelt dieser immergrüne Strauch an den Triebspitzen auffällige, tiefrote Jungblätter. Sein älteres Laub glänzt und hat eine dunkelgrüne Farbe. Man pflanzt ihn als Solitär oder Heckenpflanze an geschütztem Platz. Die unscheinbaren Blüten öffnen sich im Frühjahr.

H: 3 m; **B**: 3 m ❄❄ ◊◊ ☼ ☼ ♈

Große Sträucher

Phyllostachys nigra

Der hohe Schwarzrohrbambus trägt als architektonisches Element wesentlich zur Gartenstruktur bei. Seine schwarzen, übergebogenen Triebe mit den grünen Blättern entfalten eine beeindruckende Wirkung. Ideal als Solitär oder halbtransparenter Sichtschutz an eher geschützten Standorten.

H: 3–5 m; **B**: 2–3 m
❄❄/❄❄❄ ◌ ◖ ☼ ◑ ♊

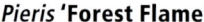

Pieris 'Forest Flame'

Dekorative Jugendblätter zeichnen diesen immergrünen Strauch im Frühjahr aus. Sein Laub ist zunächst scharlachrot, später rosa und schließlich grün. Ebenfalls recht hübsch anzusehen sind die weißen, glockenförmigen Frühjahrsblüten. 'Forest Flame' braucht leicht sauren Boden.

H: 2 m; **B**: 2 m ❄❄❄ ◌ ◖ ☼ ◑ ♊

Prunus lusitanica

Die Portugiesische Lorbeerkirsche kann recht groß werden. Der immergrüne Strauch trägt dunkles, rot gestieltes Laub. Aus seinen weißen, duftenden Blüten entwickeln sich rote, später violette Früchte. Die dekorative Heckenpflanze eignet sich für Kreideböden.

H: bis 7 m; **B**: bis 4 m
❄❄ ◌ ◖ ☼ ◑ ♊

Pyracantha 'Orange Glow'

Büschel kräftig orangefarbener Beeren und weiße Frühjahrsblüten sind die großen Vorzüge des immergrünen Feuerdorns. Der kräftige, dichte Strauch kann vor einer Mauer oder einem Zaun gezogen werden und bildet mit seinen harten Stacheln eine schier unüberwindliche Barriere.

H: 3 m; **B**: 2 m ❄❄❄ ◌ ◖ ☼ ◑ ♊

Rhododendron rex subsp. *ficto-lacteum*

Er gehört zu den auffälligsten großlaubigen Rhododendren und öffnet im Frühjahr atemberaubende cremeweiße Blütenbüschel mit karminroten Flecken in der Mitte. Der neue Wuchs ist im Sommer bronzefarben bereift. Rhododendren brauchen sauren Boden.

H: bis 3 m; **B**: bis 3 m ❄❄❄ ◖ ◌ ◖ ◑ ♊

Rhus typhina

Im Herbst schlägt die Stunde des Essigbaums, denn dann prunkt der kleine Baum oder Strauch mit spektakulärem Herbstkleid in feurigen Rot- und Orangetönen. Weibliche Exemplare treiben eigenartige, samtige, karminrote Früchte, weshalb die Art auch Kolben-Sumach genannt wird.

H: 5 m; **B**: 6 m ❄❄❄ ◌ ◖ ☼ ♊

Rosa 'Albertine'

Diese alte Sorte gehört mit Recht zu den beliebtesten Ramblerrosen. Ihre kupferrosa Blüten verströmen einen einnehmenden Duft. Das dornige Gehölz blüht im Hochsommer und zeichnet sich durch einen übergebogenen Wuchs aus. Man lässt es über Mauern und Zäune ranken.

H: 5 m; **B**: 4 m ✱✱✱ ◌ ◍ ☼ ♔

Rosa 'New Dawn'

Mit dieser wüchsigen Kletterrose hat man die ideale Zaun- oder Mauerbegrünung. Ihre duftenden, gefüllten zartrosa Blüten öffnen sich ab dem Hochsommer. Durch horizontale Erziehung junger Triebe regt man die Pflanze zu reicherer Blüte an. Sie verträgt Halbschatten und allerlei Böden.

H: 5 m; **B**: 5 m ✱✱✱ ◌ ◍ ☼ ◑ ♔

Tamarix ramosissima 'Pink Cascade'

Riesige übergeneigte Rispen sind das besondere Merkmal der Kaspischen Tamariske. Der sommergrüne Strauch ist hart im Nehmen und verträgt windige und küstennahe Standorte. Die fedrigen rosa Blütenstände erscheinen im Spätsommer.

H: 5 m; **B**: 5 m ✱✱✱ ◌ ◍ ☼

Viburnum x bodnantense 'Dawn'

Der Bodnant-Schneeball reift zu einem großen, aufrechten Strauch heran, an dem sich süß duftende, hellrosa Blüten im Winter an kahlen Trieben öffnen. Sparsam schneiden, Verjüngung nur bei jüngeren Pflanzen Erfolg versprechend.

H: 3 m; **B**: 2 m ✱✱✱ ◌ ◍ ☼ ◑ ♔

Viburnum opulus

Mit seinen großen weißen Blütendolden im Frühjahr und den zahlreichen Bündeln aus durchscheinenden Herbstbeeren gehört der Schneeball zu den beliebtesten Heckenpflanzen. Der wüchsige, sommergrüne Strauch lockt viele Tiere an und präsentiert sich in strahlend roter Herbstlivree.

H: 5 m; **B**: 4 m ✱✱✱ ◌ ◍ ☼ ◑

Viburnum tinus 'Eve Price'

Der immergrüne Lorbeer-Schneeball öffnet aus hübschen rosa Knospen von November bis April holunderähnliche duftende rosa Blüten, die später heller werden. Die Beeren sind dunkelblau. Er braucht einen geschützten Standort oder wird als Kübelpflanze gezogen und im Haus überwintert.

H: 3 m; **B**: 3 m ✱✱ ◌ ◍ ☼ ◑ ♔

Mittelgroße Sträucher

Abelia x *grandiflora*
Der elegante Blütenstrauch mit leicht überhängendem Habitus behält in milden Gegenden seine glänzenden, dunkelgrünen Blätter den ganzen Winter über. Die blassrosa Duftblüten erscheinen vom Frühsommer bis in den Herbst hinein. Mit der Zeit kann diese Abelie recht groß werden.

H: bis 3 m; **B**: bis 4 m ❄❄ ◊ ☼ ♈

Berberis thunbergii **'Rose Glow'**
Mit ihren violetten, rosa gefleckten Blättern ist die sommergrüne Thunberg-Berberitze kaum zu übersehen. Im Frühjahr macht sie mit kleinen gelben Blüten auf sich aufmerksam, aus denen rote Beeren reifen. Mit ihrem dichten, dornenbewehrten Wuchs eignet sie sich gut als Heckenpflanze.

H: 1 m; **B**: 2,5 m ❄❄❄ ◊ ◕ ☼ ◑ ♈

Brachyglottis **'Sunshine'**
Man zieht diese Sorte überwiegend wegen ihrer silbergrauen Blätter und Triebe, doch hat sie im Sommer auch schöne gelbe Körbchenblüten zu bieten. Sie freut sich über möglichst sonnige Standorte und lässt sich zu einer niedrigen Hecke schneiden. Zudem verträgt sie Küstenbedingungen.

H: 1,5 m; **B**: 2 m ❄❄ ◊ ☼ ♈

Callicarpa bodinieri **'Profusion'**
Geschätzt wird dieser sommergrüne Strauch wegen seiner ungewöhnlichen, leuchtend violetten Beeren, die im Herbst heranreifen. Man verwendet sie oft in Blumengestecken. Nicht minder ansehnlich aber sind die nach dem Austrieb bronzeroten Blätter und die rosavioletten Sommerblüten.

H: bis 3 m; **B**: 2,5 m ❄❄❄ ◊ ☼ ♈

Callistemon citrinus
Der karminrote Strauch ist ein immergrüner Sonnenanbeter, der wegen seiner borstigen roten Blütentrauben an langen, schlanken Zweigen Zylinderputzer genannt wird. Sein schmales Laub verströmt beim Zerreiben einen zarten Zitrusduft.

H: 1,5 m oder mehr; **B**: 1,5 m
❄/❄❄ ◊ ☼

Chamaerops humilis
Die Zwergpalme gehört zu den wenigen in unseren Breiten halbwegs winterharten Palmen. Mit ihrem buschigen Wuchs und den fächerartigen Blättern zieht sie in Kleingärten alle Aufmerksamkeit auf sich. Man kultiviert sie im Topf und bringt sie im Winter an einen kühlen Platz nach drinnen.

H: 2–3 m; **B**: 1–2 m ❄/❄❄ ◊ ☼ ♈

Choisya ternata **Sundance**

Der immergrüne Strauch bringt mit seinem leuchtend gelben Laub Schwung in jeden Gartenwinkel. Im Schatten bleibt das Laub etwas dunkler. In wintermilden Gegenden kann er an einem geschützten Standort im Freien bleiben, ansonsten zieht man ihn im Topf und holt ihn nach drinnen.

H: 2,5 m; **B**: 2,5 m ❄❄ ◊ ◑ ☼ ◐ ♈

Cornus sanguinea **'Winter Beauty'**

Im Winter zeigt sich dieser Hartriegel von seiner schönsten Seite – nach dem Laubfall sind seine leuchtend orangeroten Triebe mit roter Spitze erst deutlich sichtbar. Für farbenprächtigen Jungwuchs schneidet man im Frühjahr radikal zurück.

H: bis 3 m; **B**: bis 2,5 m ❄❄❄ ◑ ◊ ☼

Corylopsis pauciflora

Der grazile, sommergrüne Strauch ist wie geschaffen für leicht schattige Gartenwinkel. Seine blassgelben, duftenden Blüten öffnen sich in der ersten Frühjahrshälfte an noch kahlen Zweigen. Man schneidet ihn so wenig wie möglich, um seine schöne natürliche Form nicht zu beeinträchtigen.

H: 1,5 m; **B**: 2,5 m ❄❄❄ ◊ ◑ ◐ ♈

Daphne bholua **'Jacqueline Postill'**

Dieser immergrüne, langsam wachsende Seidelbast erfüllt im Spätwinter die Luft mit einem betörenden Duft, den die weiß- und rosafarbenen Blüten verströmen. Er ist gut für Kleingärten geeignet. Harter Rückschnitt ist nicht zu empfehlen.

H: 3 m; **B**: 1,5 m ❄❄ ◊ ◑ ◐ ♈

Desfontainea spinosa

Der exotische Blütenstrauch verdient in jedem Garten einen Ehrenplatz. Er fällt durch seine stechpalmenartigen, glänzend dunkelgrünen Blätter und die beeindruckenden gelben und roten Röhrenblüten ins Auge, die in der zweiten Sommerhälfte erscheinen. Ideal sind halbschattige Standorte.

H: 2 m; **B**: 2 m ❄❄ ◊ ◑ ◐ ♈

Deutzia x hybrida **'Mont Rose'**

Dieser hübsche, sommergrüne Strauch ist recht anspruchslos. Seine kleinen, blassrosa Blüten erscheinen zahlreich im Hochsommer. Er wächst kompakt und aufrecht und ist ideal für Rabatten. Nach der Blüte nimmt man ein Drittel des älteren Holzes heraus.

H: 1,2 m; **B**: 1,2 m ❄❄❄ ◊ ☼ ◐ ♈

Mittelgroße Sträucher

Enkianthus cernuus fo. *rubens*
Wie Rhododendren und Kamelien bevorzugt die Rote Nickende Prachtglocke sauren Boden. Der mittelgroße bis große, mäßig frostharte sommergrüne Strauch stellt seine tiefroten, glockenförmigen Blüten zum Frühjahrsende zur Schau. Im Herbst färbt sich das Laub rot und violett.

H: 2,5 m; **B**: 2,5 m ❄❄ ◊ ☼ ☼ ♈

Escallonia **'Apple Blossom'**
Wegen seines langsamen Wuchses ist dieser kompakte, immergrüne Strauch der ideale Solitär für kleine Gärten. Darüber hinaus aber wird er auch gern in Hecken oder als Windschutz eingesetzt. Im Sommer erscheinen rosaweiße Blüten. Er kommt problemlos mit küstennahen Standorten zurecht.

H: 2,5 m; **B**: 2,5 m ❄❄ ◊ ☼ ♈

Euonymus alatus
Geschätzt wird der sommergrüne Flügel-Spindelstrauch wegen seiner karmin- bis scharlachroten Herbstfärbung und der roten Früchte (sie sind giftig!), die beim Aufplatzen orangefarbene Samen freigeben. Er ist wie geschaffen für den Hintergrund gemischter Rabatten und für kleine Waldgärten.

H: 3 m; **B**: 3 m ❄❄❄ ◊ ◊ ☼ ☼ ♈

Exochorda x *macrantha* **'The Bride'**
Mit üppiger weißer Blütenpracht an langen, übergebogenen Trieben zeigt sich dieser sommergrüne Strauch. Weil er nur kurz blüht, platziert man ihn am besten zwischen länger blühenden Nachbarn. Nach der Blüte auslichten, da er Flor am vorjährigen Holz trägt, kein radikaler Rückschnitt.

H: 2 m; **B**: 2 m ❄❄❄ ◊ ☼ ☼ ♈

Fatsia japonica
Der immergrüne Strauch mit architektonischem Wuchs verbreitet mit seinen großen, glänzenden Blättern exotisches Flair. Er gedeiht in der Sonne und im Schatten. Die runden weißen Blütenstände erscheinen im Herbst. Da er mit belasteter Luft zurechtkommt, bietet er sich für kleine Stadtgärten an.

H: 3 m; **B**: bis 3 m ❄/❄❄ ◊ ◊ ☼ ☼ ♈

Forsythia x *intermedia* **'Lynwood Variety'**
Die sommergrüne, aufrecht wachsende Forsythie prunkt im Frühjahr noch vor dem Laubaustrieb mit leuchtend gelben Blüten. Als Bestandteil naturnaher Hecken leistet sie unschätzbare Dienste. Nach der Blüte ein Drittel der älteren Triebe herausnehmen.

H: 3 m; **B**: bis 3 m ❄❄❄ ◊ ◊ ☼ ☼ ♈

Fuchsia magellanica

Die beliebte Scharlach-Fuchsie begeistert den ganzen Sommer über mit einer Vielzahl violetter und roter Blüten. Sie ist härter als die meisten anderen Fuchsien, sollte nach kalten Wintern aber bis zum Boden zurückgeschnitten werden.

H: bis 3 m; **B**: 2–3 m ❄❄ ○ ◐ ☼ ☀

Gaultheria mucronata 'Wintertime'

Unübersehbare, wachsweiße Beeren schmücken im Herbst und Winter diese immergrüne, breitwüchsige Scheinbeere, wenn ein männliches Exemplar dabei ist. Die Pflanze öffnet im späten Frühjahr kleine weiße Blüten und fühlt sich in neutralem bis saurem Boden wohl.

H: 1,2 m; **B**: 1,2 m ❄❄❄ ◐ ◑ ☼ ☀ ♈

Hibiscus syriacus 'Diana'

Wenn die meisten anderen Blüten bereits verschwunden sind, trumpft der Echte Roseneibisch mit Prachtblüten auf – die der Sorte 'Diana' sind besonders groß und reinweiß. Nach Frostschäden ist der Strauch im Frühjahr auszulichten, Wurzeln junger Pflanzen im Winter abdecken (Mulch).

H: bis 2 m; **B**: 2 m ❄❄❄ ○ ◐ ☼ ♈

Hydrangea arborescens 'Annabelle'

Die riesigen weißen, anfangs grünlich weißen Blütenkugeln machen diesen aufrechten, sommergrünen Strauch zum eindrucksvollen Gartengehölz. Seine Blüten öffnen sich vom Hochsommer bis in den Herbst. Durch jährliches Zurückschneiden auf ein niedriges Gerüst hält man ihn klein.

H: 2,5 m; **B**: 2,5 m ❄❄❄ ○ ◐ ☼ ☀ ♈

Hydrangea macrophylla 'Mariesii Perfecta'

Die auch als 'Blue Wave' bekannte Sorte der sommergrünen Gartenhortensie wird wegen ihrer prachtvollen blauen Schaublüten kultiviert, die sich in der zweiten Sommerhälfte zeigen. Trockene Blütenstände als Frostschutz der Knospen an der Pflanze lassen.

H: 2 m; **B**: 2,5 m ❄❄❄ ○ ◐ ☼ ☀ ♈

Hydrangea quercifolia

Die Form des großen, dekorativen Laubs hat der Eichenblättrigen Hortensie den Namen gegeben. Im Herbst färben sich die Blätter fantastisch bronzerot. Die großen, weißen kegeligen Rispen erscheinen im Hochsommer und werden im Verblühen rosaweiß.

H: 2 m; **B**: 2,5 m ❄❄❄ ○ ◐ ☼ ☀ ♈

Mittelgroße Sträucher

Hypericum 'Hidcote'
Dieses Johanniskraut zeigt seine großen, schalenförmigen leuchtend gelben Blüten den ganzen Sommer über. Es eignet sich für sonnige und schattige Standorte gleichermaßen und kann im zeitigen Frühjahr radikal zurückgeschnitten werden, wenn es kompakt und strauchig bleiben soll.

H: 1,2 m; **B**: 1,2 m ❀❀❀ ◊ ◗ ☼ ☽ ⚜

Kalmia latifolia
Für feuchte, saure Böden ist die Breitblättrige Lorbeerrose wie geschaffen. Sie lässt sich gut mit Rhododendren und Kamelien kombinieren. Ihre Schirmrispen aus rosa Blüten erscheinen im späten Frühjahr. Mulchen mit Kiefernnadeln hilft Feuchtigkeit speichern und hält den Boden sauer.

H: bis 3 m; **B**: bis 3 m ❀❀❀ ◗ ☼ ☽ ⚜

Kerria japonica 'Pleniflora'
Ein sommergrüner Frühjahrsblüher, der in den meisten Gärten gedeiht. Er trägt große, gefüllte gelbe Pomponblüten an hohen gebogenen Stängeln. Da er sich durch Ausläufer ausbreitet, sollte man regelmäßig um die Pflanze herum umgraben und so die Wurzeln abtrennen.

H: 2 m; **B**: 2 m ❀❀❀ ◊ ◗ ☼ ☽ ⚜

Kolkwitzia amabilis 'Pink Cloud'
Diese Kolkwitzie setzt sich im späten Frühjahr mit glockigen, blassrosa Blüten an langen, überhängenden Trieben in Szene. Sie stellt keine hohen Kulturansprüche, kann sich aber stark ausbreiten. Nach der Blüte entfernt man ein Drittel des alten Holzes.

H: bis 3 m; **B**: 3 m ❀❀❀ ◊ ☼ ⚜

Lavatera x clementii 'Barnsley'
Diese verlässlichen Gartensträucher belohnen Gartenfreunde den ganzen Sommer über mit einem Meer rosa oder weißer Blüten. Sie wachsen rasch ein und vertragen die meisten Standorte, auch an der Küste. Die Sorte 'Barnsley' hat weiße Blüten zu bieten, die sich mit der Zeit blassrosa färben.

H: 2 m; **B**: 2 m ❀❀❀ ◊ ◗ ☼

Lonicera fragrantissima
Mit der Wohlriechenden Heckenkirsche können Gartenfreunde auf einen hübschen Rabattenstrauch zählen, der seine cremeweißen, duftenden Blüten vom Winter bis zum zeitigen Frühjahr präsentiert. Das halbimmergrüne Gehölz bevorzugt Sonne und einen geschützten Platz an einer Mauer.

H: 2 m; **B**: 3 m ❀❀❀ ◊ ◗ ☼ ☽

Lonicera nitida 'Baggesen's Gold'

Heckenkirschen werden meist wegen ihrer duftenden Blüten geschätzt, diese immergrüne Form aber hat sich mit ihrem gelben Laub einen Platz im Ziergarten erobert. Sie ist geeignet für Hecken oder als Formschnittgehölz, verträgt verschmutzte Luft und bietet sich daher für Stadtgärten an.

H: 1,5 m; **B**: 1,5 m ❄❄❄ ◊ ◖ ☼ ☼ ♉

Lupinus arboreus

Die Baumlupine ist eine unübersehbare Sonnenanbeterin, die sich im Frühsommer mit Kerzen aus blassgelben, duftenden Blüten in Szene setzt. Sie hat einen niederliegenden Wuchs und wird rasch größer, weshalb man sie nach der Blüte schneiden sollte. Küstennahe Standorte bereiten ihr keine Probleme.

H: 1,5 m; **B**: 1,5 m ❄❄ ◊ ☼ ♉

Myrtus communis 'Flore Pleno'

Mit ihrem unverwechselbar duftenden Laub hat die sonnenliebende, immergrüne Myrte einen hohen Erkennungswert. Sie öffnet im Spätsommer eine Vielzahl wohlriechender weißer Blüten, die bei dieser Sorte wie kleine Pompons aussehen. An einem geschützten Ort oder im Topf ziehen.

H: bis 3 m; **B**: bis 3 m ❄❄ ◊ ☼

Nandina domestica

Mit einem richtigen Bambus hat der Himmelsbambus wenig Ähnlichkeit. Er bildet einen mittelgroßen, immergrünen Horst, der im Sommer weiße Blüten austreibt. Aus ihnen entwickeln sich rote Beeren. Sein Laub nimmt im Herbst einen dekorativen Rotton an. Geschnitten werden muss er kaum.

H: 2 m; **B**: 1,5 m ❄❄ ◊ ◖ ☼ ♉

Pleioblastus viridistriatus

Dieser immergrüne Bambus bringt mit seinem goldgelben und grünen Laub sowie den violettgrünen Halmen eine attraktive Struktur in den Garten. Gut zur Geltung kommt er zwischen Sträuchern oder Gräsern, breitet sich mitunter aber sehr stark aus, weshalb man ihn am besten im Gefäß zieht.

H: 1 m; **B**: 2 m ❄❄/❄❄❄ ◊ ◊ ☼ ♉

Rhododendron 'Hydon Dawn'

Der kompakte immergrüne Strauch betört mit seinen rüschigen, blassrosa Frühjahrsblüten. Sein glänzend dunkelgrünes Laub ist mit einem weißlichen Belag (Indumentum) überzogen. Ein absonniger Winkel lässt sich mit ihm vorzüglich aufhellen, doch verlangt er sauren Boden.

H: 1,5 m; **B**: 1,5 m ❄❄❄ ◊ ☼ ☼ ♉

Mittelgroße Sträucher

Rhododendron 'Purple Splendour'

Die mittelgroße bis große, immergrüne Rhododendron-Sorte prunkt mit kräftig-violetten Frühlingsblüten, deren Schlund dunkel gezeichnet ist. Sie verträgt vollsonnige Standorte, braucht aber sauren Boden und ist anfällig für Mehltau.

H: bis 3 m; **B**: bis 3 m ❄❄❄ ◊ ☼ ◐ ♈

Rhododendron 'Yellow Hammer'

Ein aufrecht wachsender, immergrüner Strauch mit einer Vielzahl kleiner blassgelber Röhrenblüten. Sie öffnen sich im Frühjahr und noch einmal im Herbst. Die Sorte bevorzugt lichten Schatten und braucht sauren Boden, verträgt im Gegensatz zu vielen anderen Rhododendren aber volle Sonne.

H: 2 m; **B**: 2 m ❄❄❄ ◊ ☼ ◐ ♈

Ribes sanguinium 'Pulborough Scarlet'

Die Blut-Johannisbeere ist ein aufrechter, sommergrüner Strauch mit dekorativen karminroten Blütenständen, die im April und Mai erscheinen. Schneiden Sie nach der Blüte einige ältere Ruten zurück, damit sie sich nicht zu sehr ausbreitet.

H: bis 3 m; **B**: 2,5 m ❄❄❄ ◊ ◊ ☼ ♈

Rosa gallica 'Versicolor'

Charakteristische, halbgefüllte Blüten mit dunkel- und hellrosa Streifen sowie gelber Mitte sind das besondere Merkmal dieser hübschen Essigrose. Weil sie relativ kompakt bleibt, lassen mehrere Exemplare sich zu einer originellen naturnahen Hecke reihen.

H: 1 m; **B**: 1 m ❄❄❄ ◊ ◊ ☼ ♈

Rosmarinus officinalis 'Miss Jessopp's Upright'

Rosmarin wird wegen seiner aromatischen, immergrünen Blätter gezogen, die in der Küche Verwendung finden. Im Frühjahr öffnet er blaue Blüten. Er ist unverzichtbarer Bestandteil von Kräutergärten und in klimamilden Gebieten als Heckenpflanze geeignet.

H: bis 1 m; **B**: bis 1 m ❄❄ ◊ ☼ ♈

Rubus cockburnianus 'Goldenvale'

Die sommergrüne, Dickichte bildende Tangutische Himbeere gereicht mit ihren geisterhaft weißen Ruten jedem winterlichen Garten zur Zier. Diese Sorte trägt außerdem goldgelbes Laub, das im Frühjahr austreibt, und im Sommer purpurfarbene Blüten.

H: 2,5 m; **B**: 2,5 m ❄❄❄ ◊ ◊ ☼ ◐ ♈

Sarcococca confusa
Erste Wahl für schattige Standorte ist dieser immergrüne Strauch. Er wird vor allem wegen seiner kleinen, aber stark duftenden Blüten gepflanzt, die noch im Winter erscheinen und denen schwarze Beeren folgen. Man stellt ihn im Topf in die Nähe einer Tür oder schneidet ihn zu einer niedrigen Hecke.

H: 2 m; **B**: 1 m ❁❁❁ ◐ ☼ ☽ ♛

Skimmia japonica 'Rubella'
Ein nützlicher immergrüner, kuppelförmiger Strauch mit hübschen ovalen Blättern. Diese männliche Form der Japanischen Skimmie trägt keine Beeren, dafür aber ab Herbst rote Knospen, aus denen sich äußerst stark duftende weiße Frühjahrsblüten entwickeln.

H: 1 m; **B**: 1,5 m ❁❁ ◐ ☼ ☽ ♛

Spiraea x vanhouttei
Der prachtvolle sommergrüne Belgische Spierstrauch ist wie geschaffen für gemischte Rabatten. Eine Fülle weißer Frühsommerblüten hebt sich reizvoll von dem blaugrünen Laub ab. Mit seinen überhängenden Trieben kommt er oft in naturnahen Hecken zum Einsatz. Nach der Blüte schneiden.

H: 2 m; **B**: 1,5 m ❁❁❁ ◊ ☼

Viburnum davidii
Ein beliebter immergrüner Strauch mit malerisch dunkelgrünem, tief geadertem, ledrigem Laub und weißen Frühjahrsblüten. Nur die weiblichen Exemplare des Davids Schneeballs bilden die dekorativen, glänzend metallisch blauen Beeren. Für guten Fruchtansatz beide Geschlechter pflanzen.

H: 1,2 m; **B**: 1,5 m ❁❁❁ ◊ ◐ ☼ ♛

Weigela 'Florida Variegata'
Die Blätter dieser sommergrünen Weigelie sind cremefarben gerandet und machen die Pflanze zu einem Schmuckstück, auch wenn sie nicht blüht. Der leicht zu kultivierende Strauch trägt im Frühsommer dunkelrosa Röhrenblüten. Nach dem Flor ein Drittel des älteren Wuchses entfernen.

H: 2,5 m; **B**: 2,5 m ❁❁❁ ◊ ◐ ☼ ♛

Yucca gloriosa
Ein Garten in einem Hof oder eine trockene, sonnige Rabatte ist die ideale Bühne für den Auftritt dieser herrlich architektonischen Yucca. Sie treibt bläulich grüne, spitz zulaufende Blätter und riesige Rispen mit weißen, glockenförmigen Sommerblüten aus.

H: 2 m; **B**: 2 m ❁❁ ◊ ☼ ♛

Kleine Sträucher

Artemisia 'Powis Castle'

Das dekorative, fein gefiederte silbrige Laub dieses aromatisch duftenden Strauchs bildet einen hübschen bauschigen Horst. Seine unscheinbaren Blüten erscheinen nicht immer. Er eignet sich gut als immergrüner Bestandteil von Kräutergärten.

H: 60 cm; **B**: 90 cm ❋❋ ◊ ☼ ♈

Buxus sempervirens 'Suffruticosa'

Der Buchsbaum ist ein kleinblättriger, immergrüner Blattschmuckstrauch, der oft als kleine, formale Hecke zum Einsatz kommt und sich zu den unterschiedlichsten Formen und Figuren schneiden lässt. Diese Sorte wächst sehr dicht und langsam.

H: 0,8 m; **B**: 0,8 m ❋❋❋ ◊ ◗ ☼ ◑ ♈

Calluna vulgaris 'Kinlochruel'

Man schätzt die unverwechselbaren, niedrig wachsenden, immergrünen Blütensträucher nicht nur wegen ihres Flors, sondern auch wegen ihrer Laubfarbe. Diese Form der Besenheide entfaltet gefüllte weiße Sommerblüten. Ihr Laub färbt sich im Winter bronzerot. Man schneidet sie im Frühjahr.

H: 25 cm; **B**: 40 cm ❋❋❋ ◊ ☼ ♈

Caryopteris x clandonensis

Ein bezaubernder kleiner Strauch mit spektakulären blauen Blüten, die sich im Spätsommer und Frühherbst über dekorativem, aromatischem silbergrünem Laub öffnen. Man hält seine Form kompakt, indem man ihn im Frühjahr bis auf niedrig stehende Knospen zurückschneidet.

H: bis 1,2 m; **B**: bis 1 m ❋❋❋ ◊ ☼

Chaenomeles x superba 'Crimson and Gold'

Karminrote Blüten mit goldgelben Staubgefäßen erscheinen im Frühjahr an den noch unbelaubten, dornigen Trieben dieser Zierquitte. Man lässt den Strauch frei stehend wachsen oder zieht ihn an einer Wand hoch.

H: bis 1 m; **B**: bis 1,5 m
❋❋❋ ◊ ☼ ◑ ♈

Cistus x lenis 'Grayswood Pink'

Diese winterharte, trockenheitsverträgliche Zistrosensorte breitet sich mit der Zeit aus. Sie trägt im Sommer ein Meer aus rosa Blüten, die Schmetterlinge anlocken. Der vielseitige Strauch ist geeignet für karge Böden, als Bodendecker und als Topfpflanze. Er wird gern an sonnigen Mauern kultiviert.

H: bis 1 m; **B**: bis 1,5 m ❋❋ ◊ ☼ ♈

Cotoneaster horizontalis

Dieser niedrige, sommergrüne Strauch ist für die Begrünung von Mauern und Böschungen wie geschaffen, zudem eignet er sich als Bodendecker. Fächer-Zwergmispeln tragen im Herbst einen einnehmenden Beerenschmuck, der die kleinen weißen Sommerblüten ablöst.

H: bis 1 m; **B**: 1,5 m oder mehr
❅❅❅ ◌◑ ☼ ☀ ♆

Erica carnea 'Springwood White'

Die Schneeheide ist ein reizender immergrüner Winterblüher. 'Spring-wood White' trägt eine Fülle weißer Blüten über hellgrünem Laub und wächst kräftig. Die Auswahl an Formen ist groß; manche haben rosa Blüten oder goldgelbes Laub.

H: 25 cm; **B**: bis 55 cm ❅❅❅ ◌ ☼ ♆

Euonymus fortunei 'Emerald 'n' Gold'

Ob zur Begrünung einer Mauer oder eines Zauns, als Bodendecker oder als frei stehender Strauch, diese immer-grüne Blattschmuckpflanze ist vielseitig einsetzbar. 'Emerald 'n' Gold' trägt goldgelb panaschiertes Laub, doch sind auch andersfarbige Formen beliebt.

H: 70 cm; **B**: 90 cm ❅❅❅ ◌◑ ☼ ☀ ♆

Hebe 'Red Edge'

Ein gewisser Ausbreitungsdrang cha-rakterisiert diese schön strukturierte Strauchveronika mit graugrünem Laub, über dem im Sommer kurze Ähren aus lila Blüten erscheinen. Mit ihren immer-grünen Blättern ist sie eine nützliche Topfpflanze, vor allem im Winter, wenn die Blätter einen Rotton annehmen.

H: 45 cm; **B**: 60 cm ❅❅ ◌ ☼ ☀ ♆

Juniperus communis 'Compressa'

'Compressa' wächst sehr langsam und trägt blaugrüne, aromatisch duftende Nadeln. Sie bringt Struktur in den winterlichen Garten und kann auch im Kübel gezogen werden. 'Hibernica' ähnelt dieser Wacholdersorte, ist aber etwas wüchsiger.

H: bis 80 cm; **B**: 45 cm
❅❅❅ ◌◑ ☼ ☀ ♆

Lavandula angustifolia 'Hidcote'

Ein Meer aus blauvioletten duftenden Sommerblüten und wohlriechende Blätter bietet der Lavendel. Er gibt eine vorzügliche niedrige Rabattenhecke. Welke Blütenstände nach der Blüte abschneiden; den übrigen Wuchs im Frühjahr etwas zurücknehmen, ohne in altes Holz zu schneiden.

H: 60 cm; **B**: 75 cm ❅❅❅ ◌ ☼ ♆

Kleine Sträucher

Lavandula stoechas

Diese kompakte, immergrüne Lavendelart fällt durch ihre ungewöhnlichen dunkelvioletten Blütenstände mit violetten »Flügeln« bzw. »Ohren« auf. Sie erscheinen im Sommer über einen langen Zeitraum hinweg hoch über dem silbrigen Laub. Man schneidet sie nach der Blüte zurück.

H: 60 cm; **B**: 60 cm ❋❋ ◊ ☼ ♈

Phygelius x rectus 'African Queen'

Wenn sich im Sommer die roten Röhrenblüten entlang der aufwärts strebenden Triebe öffnen, ist dem Strauch die Aufmerksamkeit aller sicher. Man behandelt ihn wie eine Staude und schneidet ihn im Frühjahr zum Boden zurück. 'Moonraker' trägt cremeweiße, 'Devil's Tears' rosarote Blüten.

H: bis 1 m; **B**: 1,2 m ❋❋ ◊ ◖ ☼ ♈

Pittosporum tenuifolium 'Tom Thumb'

Viele Formen des immergrünen Schmalblättrigen Klebsamen rücken sich mit panaschiertem Laub in den Mittelpunkt. 'Tom Thumb' wächst kompakt mit bronzevioletten Blättern, die im Frühjahr hellgrün austreiben.

H: bis 1 m; **B**: 60 cm
❋❋/❋❋ ◊ ◖ ☼ ☼ ♈

Potentilla fruticosa 'Primrose Beauty'

Der hübsche kleine Fingerstrauch geizt im Sommer nicht mit seinen fünfzähligen Blüten. Bei dieser Sorte sind sie primelgelb, doch gibt es auch kräftig-gelbe, weiße, rote und rosa Formen.

H: bis 1 m; **B**: 1,5 m ❋❋❋ ◊ ☼ ♈

Rhododendron 'Vuyk's Rosyred'

Eine zu Recht beliebte Azalee, die sich für Gefäße auf Terrassen oder Höfen bestens eignet. Der zwergige, immergrüne Strauch trägt kleine Blätter und eine Fülle trichterförmiger, tief rosaroter Blüten, die sich zur Frühjahrsmitte öffnen. Er braucht sauren Boden und verträgt volle Sonne.

H: 75 cm; **B**: 1,2 m ❋❋❋ ◖ ☼ ☼ ♈

Rosa Gertrude Jekyll

Die populäre Teehybride zeigt den ganzen Sommer über ihre großen, schalenförmigen tiefrosa Blüten. Alle Teehybriden vertragen im zeitigen Frühjahr einen radikalen Rückschnitt auf 15 cm; er fördert die Blühfreude und hält den Strauch kompakt.

H: bis 1 m oder mehr; **B**: 1 m
❋❋❋ ◊ ◖ ☼ ♈

Rosa **Iceberg**

Eine klassische Floribunda-Rose mit gefüllten cremefarbenen bis weißen Blüten, die den Sommer über reichen Flor trägt. Floribunda-Rosen reagieren gut auf einen radikalen Rückschnitt im zeitigen Frühjahr. Man lässt ein Gerüst aus sechs bis acht 20–30 cm langen Trieben übrig.

H: 80 cm; **B**: 65 cm ❀❀❀ ◌ ◕ ☼ ♈

Rosa **'Just Joey'**

Mit gefüllten, moschusduftenden kupferrosa Blüten vom Sommer bis in den Herbst präsentiert sich die Floribunda-Rose. Sie reagiert wie andere Vertreter ihrer Gruppe gut auf hartes Zurückschneiden im zeitigen Frühjahr. Bis auf ein Gerüst aus sechs bis acht 20–30 cm langen Trieben zurückstutzen.

H: 75 cm; **B**: 70 cm ❀❀❀ ◌ ◕ ☼ ♈

Rosa **Sexy Rexy**

Diese vorzügliche Floribunda-Rose blüht mühelos den ganzen Sommer hindurch. Sie trägt kräftiges, gesundes Laub und reizende, rosafarbene Prachtblüten. Man schneidet sie im zeitigen Frühjahr auf ein Gerüst aus sechs bis acht 20–30 cm langen Trieben zurück.

H: 70 cm; **B**: 60 cm ❀❀❀ ◌ ◕ ☼ ♈

Salvia officinalis **'Purpurascens'**

Beim Purpursalbei handelt es sich um eine Farbvariante des Echten Salbeis. Er eignet sich wie die Art hervorragend für Kräutergärten, in denen kontrastierende Laubfarben gewünscht sind. Die aromatischen, würzigen Blätter bereichern die Küche. Erhältlich sind auch Formen in anderen Farben.

H: bis 80 cm; **B**: 1 m ❀❀ ◌ ◕ ☼ ☼ ♈

Santolina chamaecyparissus

Das Graue Heiligenkraut öffnet seine leuchtend gelben, im Sommer erscheinenden Pomponblüten über aromatisch duftendem, silbrig-grauem immergrünem Laub. Es kann als niedrige Hecke oder Saumpflanze gezogen werden und passt auch in gemischte Rabatten.

H: 50 cm; **B**: 1 m ❀❀ ◌ ☼ ♈

Thymus citriodorus **'Silver Queen'**

Der Zitronenthymian ist ein niedriger, rundlicher Strauch mit silbrigem Laub und unzähligen blassrosa Blüten, die im Sommer erscheinen. Thymian gehört als köstlich duftendes Gewürz in jeden Kräutergarten und sollte immer frisch verfügbar sein.

H: bis 30 cm; **B**: bis 25 cm
❀❀ ◌ ☼ ♈

Obstbäume und -sträucher

Ficus carica 'Brown Turkey'

'Brown Turkey' ist die winterhärteste Feige und wird daher bevorzugt in kühlen Klimaregionen kultiviert. Trotzdem sollte sie im Gefäß gezogen und im Winter unter Glas gebracht werden. Zurückgeschnitten wird im Frühjahr oder Herbst.

H: 3 m; **B**: 4 m ❋❋ ◌ ◑ ☼ ⚱

Malus domestica 'Cox's Orange Pippin'

Apfelbäume sind ideale Obstgehölze für Kleingärten, denn man kann sie auf schwach wachsende Unterlagen veredeln. 'Cox's Orange Pippin' gilt als eine der schmackhaftesten Sorten und sieht auch noch recht dekorativ aus, ist aber etwas krankheitsanfällig.

H: 10 m; **B**: 6 m ❋❋❋ ◌ ◑ ☼

Prunus armeniaca 'Tomcot'

Aprikosen brauchen einen geschützten Standort, können in wärmeren Gegenden aber im Freien überwintern. 'Tomcot' gehört zu den verlässlichsten Sorten für kühle Klimazonen. Ihre großen, orangeroten Früchte haben einen intensiven Geschmack. Geschnitten wird im Frühjahr oder Spätsommer.

H: 8 m; **B**: 8 m ❋❋ ◌ ◑ ☼

Prunus cerasus 'Morello'

'Morello' ist eine dunkelschalige, selbstbefruchtende Sauerkirsche für die Küche. Man kultiviert sie als frei stehenden Baum oder Spalier an einer Nordmauer. Geschnitten werden sollte sie nur zwischen Frühjahr und Spätsommer, um Krankheiten zu vermeiden.

H: 8 m; **B**: 8 m ❋❋❋ ◌ ◑ ☼ ◐ ⚱

Prunus domestica 'Victoria'

Pflaumen sind pflegeleichte Obstgehölze. Wo Platz knapp ist, kann man sie an einer Wand oder einem Zaun als Spalier ziehen. Die verlässliche Sorte 'Victoria' ist selbstbefruchtend und trägt reichlich. Ihre blassroten, gelbfleischigen Früchte reifen ab dem Hochsommer heran.

H: 8 m; **B**: 8 m ❋❋❋ ◌ ◑ ☼ ⚱

Prunus persica 'Rochester'

'Rochester' gehört zu den verlässlichsten Pfirsichsorten für kühlere Klimazonen, braucht aber trotzdem die Wärme einer Südwand. Die gelbfleischige Frucht hat einen guten Geschmack. Alle Pfirsiche sind anfällig für die Kräuselkrankheit. Schutz vor Regen und Tau kann eine Infektion verhindern.

H: 8 m; **B**: 8 m ❋❋ ◌ ◑ ☼ ⚱

Pyrus communis **'Conference'**

Birnen empfehlen sich als weichfleischige, saftige, köstliche Edelfrüchte. Allerdings sind ihre früh erscheinenden weißen Blüten anfällig für Frostschäden. Im kleinen Garten werden sie als Spalier an einer Wand oder einem Zaun gezogen. 'Conference' ist eine verlässliche, reich tragende Sorte.

H: 15 m; **B**: 10 m ❀❀❀ ◌ ◑ ☀ ♔

Ribes nigrum **'Ben Connan'**

Ob als Marmelade, Saft oder Likör – Schwarze Johannisbeeren schmecken herrlich. 'Ben Connan' trägt große Beeren, ist widerstandsfähig gegen Mehltau und reift früh. Im Winter schneidet man ein Drittel des alten Wuchses bis zum Boden zurück.

H: 1 m; **B**: 1 m ❀❀❀ ◌ ◑ ☀ ♔

Ribes rubrum **'Jonkheer van Tets'**

Rote Johannisbeeren schmecken frisch recht säuerlich, doch in Kuchen, als Gelee oder als Dekor auf einer Platte sind sie einfach unschlagbar. Man zieht sie als Busch mit offener Mitte. Diese früh reifende Sorte trägt reichlich und ihre Beeren sind besonders wohlschmeckend.

H: 1 m; **B**: 1 m ❀❀❀ ◌ ◑ ☀ ☀ ♔

Ribes uva-crispa **'Invicta'**

Stachelbeeren gehören zu den am frühesten reifenden Früchten der Saison. Es gibt sie in allerlei Farben, von Weiß und Grün bis zu Rot und Gelb. 'Invicta' ist grün und kann frisch vom Busch genossen oder in der Küche verarbeitet werden. Sie wächst kräftig und ist widerstandsfähig gegen Krankheiten.

H: 1 m; **B**: 1 m ❀❀❀ ◌ ◑ ☀ ☀ ♔

Rubus idaeus **'Glen Ample'**

Diese Sommerhimbeere entwickelt große, tiefrote, saftige Beeren. Frisch vom Strauch gepflückt, sind sie ein echter Leckerbissen. Man kann sie aber auch zu Marmeladen verarbeiten oder einfrieren. Nach dem Fruchten kürzt man die Ruten bis zum Boden zurück und bindet neuen Wuchs an.

H: 1,5 m; **B**: 2 m ❀❀❀ ◌ ◑ ☀ ♔

Vaccinium corymbosum **'Bluecrop'**

Heidelbeeren wachsen an mittelgroßen Sträuchern, die sauren Boden brauchen. Diese hellblaue Sorte ist anspruchslos und schmeckt aromatisch. Stehen mehrere Sorten zusammen, so fördert das die Bestäubung. Mulchen Sie die Basis jährlich mit Kiefernnadeln, um das saure Milieu zu erhalten.

H: 1,5 m; **B**: 1,5 m ❀❀❀ ◌ ◑ ☀

Register

Register

Bildnachweis und Dank

Der Verlag dankt folgenden Personen und Institutionen für die freundliche Genehmigung zum Abdruck der Abbildungen:

(Schlüssel: o = oben; u = unten; m = Mitte; l = links; r = rechts; g = ganz oben)

6-7: DK Images: Peter Anderson, Designer: Geoff Whiten/The Pavestone Garden/Chelsea Flower Show 2006. **11:** GAP Photos Ltd. Richard Bloom/Foggy Bottom Garden. **12:** Alamy Images: Holmes Garden Photos (g). **14–15:** Garden Picture Library: John Glover/Brook Farm Lodge Cottage, Surrey. **16:** DK Images: Peter Anderson, Designer: Tom Stuart-Smith/The Telegraph Garden/Chelsea Flower Show 2006. **17:** Garden Picture Library: Anne Hyde/Osler Road (u). **18:** DK Images: Peter Anderson, Designer: Chris Beardshaw/The Chris Beardshaw Garden/Chelsea Flower Show 2007 (ul). **20:** The Garden Collection: Nicola Stocken Tomkins (gr), DK Images: Peter Anderson, Designer: Roger Griffin (Amenity Trees & Landscapes)/Association of British Conifer Growers, Conifers by Design/Hampton Court Palace Flower Show 2007 (gl), Designers: Jeffery Hewitt & Edmund Colville/Living Values/Hampton Court Palace Flower Show 2007 (b). **21:** Marianne Majerus Photography: Designer: Declan Buckley (u). **22:** Garden Picture Library: Eric Crichton/Copeland Garden, NGS. **23:** DK Images: Steven Wooster, Designer: Tom Stuart-Smith/Laurent-Perrier, Harpers & Queen Garden/Chelsea Flower Show 2003 (u). **24:** The Garden Collection: Derek St Romaine, Designer: Polly Hamilton

(g), DK Images: Brian North, Designer: Jamie Dunstan/Cater Allen Private Bank Garden/Tatton Park Flower Show 2007 (m), Steven Wooster, Designer: Christopher Bradley-Hole/Hortus Conclusus Garden/Chelsea Flower Show 2004 (u). **25 :** DK Images: Peter Anderson, Designer: Diarmuid Gavin & Stephen Reilly/The Westland Garden/Chelsea Flower Show 2007. **26:** DK Images: Peter Anderson, Designer: Andy Sturgeon/RHS Wisley Garden 2007 (g), Brian North, Designer: Lucy Hunter Garden Designs/A Private View/Tatton Park Flower Show 2007 (u). **27:** DK Images: Peter Anderson, Designer: Geoff Whiten/The Pavestone Garden/Chelsea Flower Show 2006 (g), Designer: Helen Williams/The Green & Light Garden/Hampton Court Palace Flower Show 2007 (u). **28:** The Garden Collection: Liz Eddison, Designer: Geoffrey Whiten, Chelsea Flower Show 2003 (ul), DK Images: Peter Anderson, Designer: Paul Stone Gardens/The 'I'll Drink to That' Garden/Hampton Court Palace Flower Show 2007 (gr), Designer: Chris Beardshaw/The Chris Beardshaw Garden/Chelsea Flower Show 2007 (ur). **29:** DK Images: Steven Wooster, Chelsea Flower Show 2001. **60:** The Garden Collection: Liz Eddison. **67:** GAP Photos Ltd: Maddie Thornhill, West Dean Garden, West Sussex. **70:** crocus.co.uk (ur). **71:** GAP Photos Ltd: John Glover. **72–73:** DK Images: Brian North, Designer: Sarah Eberle/600 Days with Bradstone/Chelsea Flower Show 2007 **74–75:** DK Images: Brian North, Designers: Harry Levy & Geoff Carter/Aughton Green

Landscapes & The Big Pond Company, The Water Garden/Tatton Park Flower Show 2007. **77:** DK Images: Peter Anderson, Designers: R J Griffin, Amenity Trees & Landscapes/Association of British Conifer Growers, Cedrus and Friends/Hampton Court Palace Flower Show 2006. **79:** Garden Picture Library: Howard Rice. **83:** Garden Picture Library: Ron Evans. **108:** Garden Picture Library: Marie O'Hara, Bourton House, Glos. **116:** The Garden Collection: Derek St Romaine (bl). **134:** Caroline Reed (ur). **138:** Garden Picture Library: Mark Bolton (ur).

Alle weiteren Abbildungen © Dorling Kindersley. Mehr Informationen unter www.dkimages.com

Dorling Kindersley dankt ferner folgenden Personen und Institutionen:

Register: Jane Coulter

Hyde Hall and Rosemoor (www.rhs.org.uk) für die Fotolocations.

Ashridge Trees für die Bereitstellung der wurzelnackten Heckenpflanzen (www.ashridgetrees.co.uk).

Topiary Arts für die Unterstützung bei den Formschnittanleitungen (Tel: +44 (0)20 8894 2816; www.topiaryarts.com).